WERNER BERENS

Besser Fliegenfischen

Zur freundlichen
Erinnerung und
ein stetiges Petri Heil
der Petri [illegible] 27. 07

KOSMOS

Von Anderen lernen – Der Weg zum Fliegenfischer

Als ich mit dem Fliegenfischen richtig begann, hatte ich das Glück, einige Male zusammen mit meinem damaligen „Lehrmeister" zu fischen und ihm dabei über die Schulter schauen zu können. Er fing mehr als ich, obwohl ich doch hinreichend werfen konnte und von Fliegen genug verstand, um damit zu fangen. Ein wenig neidisch, aber vor allem wissbegierig wollte ich sehen, was er anders machte als ich. Was ich sah, und deshalb rede ich von Glück, war ein Fliegenfischer, um den beim Fischen die Welt versank, bei dem jede Tätigkeit vom Beobachten der Situation bis zum genau überlegten Wurf aus einer sicheren Position auf das Ziel ausgerichtet zu sein schien, um alles in der Welt diesen, und zwar genau diesen Fisch, der da gerade gestiegen war, zu fangen. Nichts geschah beiläufig, jeder Handgriff saß und war in Abstimmung auf das Ziel wesentlich.

Was ich damals lernte, war mehr als das, was Grund- und Fortgeschrittenenlehrgänge, so berechtigt und wichtig sie sind, bieten können: Eine Haltung, aus der die auf Lehrgängen vermittelten Techniken erst hervorgehen, denn jeder fliegenfischereilichen Weiterentwicklung liegt der Wunsch zu Grunde, sein Tun zu perfektionieren. Die jeweiligen Absichten können sich natürlich unterscheiden: Bei vielen steht das Ziel im Vordergrund, mehr und bessere Fische zu fangen. Warum nicht? Anderen mag es wichtig sein, am Abend des Fliegenfischertages das Gefühl zu haben, dass sie ihre Möglichkeiten vollkommen ausgeschöpft haben, und der größere Fangerfolg ist ihnen ein durchaus willkommenes, aber eben zweitrangiges Beiwerk.

Was ist „Besser Fliegenfischen" eigentlich? Darauf habe ich viele unterschiedliche Antworten bekommen, aber auch etliche Übereinstimmungen feststellen können. Aus diesen ergibt sich vorrangig die Auswahl der Inhalte und natürlich aus der Unmöglichkeit, die gesamte Palette des Fliegenfischens im Buch darzustellen. Sowohl Anfänger als auch Könner haben mich unterstützt und mir Anregungen und Antworten gegeben.

Fliegenfischen boomt. An meinem Hausgewässer treffe ich etliche Fliegenfischer, die das Gespräch suchen, die fragen und zuschauen, die begierig sind, neue Anregungen zu erhalten, weil sie nach dem Erwerb der Grundkenntnisse und dem Fang der ersten Fische eben keinen Meister haben, dem sie über die Schulter schauen können und denen das Fliegenfischen zu viel Freude macht, um sich diese durch etliche Jahre des Auf-der-Stelle-Tretens verderben zu lassen. An diese richtet sich das Buch. Für die Fliegenfischer, die, eben dem Anfängerstadium entwachsen, nach neuen Anregungen suchen, soll das Buch das nötige Handwerkszeug liefern und – hoffentlich – etwas von der Geisteshaltung vermitteln, die den oben erwähnten Meister zu einem solchen werden ließ.

Fischerglück beim Abendsprung

Möglichkeiten der Gewässereinschätzung

Besser Fliegenfischen ist, sich davon zu überzeugen, dass man die in der Fantasie schon gefangenen Fische in der Realität auch tatsächlich vorfindet.

Die Menge der Fliegenfischer hat im letzten Jahrzehnt zugenommen und ebenso die Menge der Gewässer, die für unsere Passion in Frage kommen. Mittlerweile gibt es eine Vielzahl an Flüssen, die Dank der Verbesserung der Wasserqualität wieder Äschen und Forellen beherbergen. Andererseits sind einige der bisher als gut bekannten Gewässer in Verruf geraten, weil sie durch intensive Kormoranbesuche einen kaum noch nennenswerten Äschenbestand aufweisen. Die meisten Fliegenfischer haben kein Topgewässer vor der Haustür und stehen in zunehmendem Maße vor dem Problem, immer weniger sicher zu sein, am Ende ihrer manchmal langen Anfahrt auch ein gutes Gewässer vorzufinden.

Hoffentlich hält der Fluss, was er verspricht.

Wir leben in einer Kulturlandschaft und müssen mit ihr zurechtkommen. Das bedeutet u. a., dass wir das unbekannte Gewässer, zu dem wir womöglich weite Wege in Kauf nehmen, aus der Ferne beurteilen müssen. Schließlich wollen wir nicht enttäuscht werden, und es ist an der Zeit, systematische

Überlegungen zu beginnen. Bevor man jetzt den nächsten Schritt macht, sollte man sich über eins im Klaren sein: Die Garantie, auf ein gutes Gewässer zu treffen, gibt es nicht.

Der unerfreuliche und der erfreuliche Irrtum

Mückenlarve

Wir hatten an der Tankstelle eine Tageskarte erworben und fanden uns an einem traumhaft aussehenden Mittelgebirgsflüsschen wieder : jede Menge Standplätze für Forellen, Rauschen, Gumpen, unterhöhlte Ufer und eine muntere Strömung, glasklares, kaltes Wasser, Fliegen in der Luft und auf dem Wasser, beste Voraussetzungen also. Aber seltsamerweise stieg nichts, an die Nymphe war auch kein Fisch zu bekommen und zu sehen war erst recht keiner, außer im Staubereich vor einem Wehr. Da aber standen eine Menge großer Döbel, denen wir dann mäßig erfolgreich nachstellten.

Gottlob werden solch niederschmetternde Erlebnisse aufgewogen durch Positives : Während eines Kurzurlaubs in der Nähe Neuschwansteins beschließe ich, irgendwo zu fischen, statt mich von einer gemischten Armee aus Japanern und Amerikanern durchs Schloss Neuschwanstein schieben zu lassen. Allerdings ist der Gebirgsbach alles andere als malerisch, wie sich dann herausstellt: drei Meter breit, eineinhalb Meter tief, im unteren Bereich schnurgerade, durch mehrere Staustufen gebremst und mit angetrübtem Wasser.

Der freundliche Herr im Tourismusbüro, der mir für nur 15 Euro eine Tageskarte verkauft, ist gleichzeitig Vorsitzender des Fischereivereins und weist mich darauf hin, dass Trockenfliege im Augenblick nicht so fängig sei. Als ich den „Kanal" sehe, bezweifle ich spontan, dass hier überhaupt etwas fängig ist und lasse eher lustlos eine Goldkopfnymphe ins Wasser klatschen. Die hat noch keine Zeit 10 cm abzusinken, da hängt schon eine schöne Regenbogenforelle daran. Zufall? Keineswegs! Das Wasser klärt sich in den nächsten Stunden allmählich, die ersten Fische beginnen zu steigen und im unverbauten Teil des Gewässers erlebe ich eine traumhafte Fischerei an diesem unscheinbaren und unbekannten Bach.

Faktoren zur Gewässergüte

Streamer für Forellen und Döbel

Der fischereiliche Ertrag eines Gewässers ist von so vielen Faktoren abhängig, dass ich nur die erwähnen möchte, die für den Fliegenfischer „von weitem" erfahrbar sind.

Im ersten Fall lag unser Misserfolg einfach daran, dass das Gewässer schlecht bewirtschaftet wurde und kaum Forellen und Äschen da waren. Ein freundlicher Herr mit Hund, selber Angler, klärte uns auf: Im fraglichen Fluss werde im Frühjahr einmal besetzt, jeder wisse wann, und in den nächsten Tagen und Wochen wird dann regelmäßig alles herausgefangen. Die wenige Brut, die aufkomme, falle den Döbeln zum Opfer. An manchen Gewässern passen auch die von der Behörde vorgeschriebene Art des Besatzes und die zugelassenen Angelarten nicht zueinander. Wenn an einem Forellenbach alle Angelarten zugelassen sind, aber gleichzeitig nur mit untermaßigen Bachforellen besetzt werden darf, bedeutet dies, dass die meisten der gierigen Kleinen verangelt werden. An den Schwimmern unserer Kollegen von der Wurm- und Madenfraktion ist der Biss erst zu sehen, wenn die kleinen Forellen den Haken geschluckt haben und nicht mehr unbeschadet zurückgesetzt werden können.

Glücklicherweise geht es auch anders: An einem von mir häufig besuchten Mittelgebirgsbach ist nur Fliegenfischen erlaubt und dieses ist beschränkt auf das Fischen mit der Trockenfliege und der Nymphe, nicht größer als Hakengröße 12, die Anzahl der Tageskarten ist limitiert.

Wenn man Faktoren zur Gewässergüte in Betracht zieht, kommt man an unseren gefiederten Freunden nicht vorbei. Vogelschützern ist es in verdienstvoller Weise gelungen, das drohende Aussterben des Kormorans durch das drohende Aussterben der Äsche zu verhindern. Vielerorts sind die Bestände zusammengebrochen und man erlebt möglicherweise eine herbe Enttäuschung, wenn man sich als Gastangler an ehemals bekannte Äschengefilde begibt.

Berücksichtigen sollte man auch Perioden längerer Trockenheit und Zeiten ausgiebigen Regens. In der Regel lässt sich der Wasserstand des in Frage kommenden Angelreviers bei den Fremdenverkehrsämtern oder der Kartenausgabestel-

Die Rute krümmt sich beim Drill einer guten Forelle.

le erfragen. So, diese Negativliste ließe sich ohne weiteres fortsetzen und man kann sich durch mehrmaliges Lesen selbst in die Depression treiben. Doch wir sollten bedenken, dass vor fünfundzwanzig Jahren die meisten unserer Fließgewässer hoffnungslos verschmutzt waren. Fliegenfischen war ein Privileg weniger, die ein gutes Hausgewässer zur Verfügung hatten und die vielleicht einige Male die berühmten und gut gepflegten Strecken besuchten. Die Zahl der für Fliegenfischer interessanten Strecken hat sich durch die Verbesserung der Wassergüte vervielfacht und heute kann man in Strecken eine gute Fischerei erleben, in denen man vor zwanzig Jahren auf Grund des Chemikaliengehaltes allenfalls seine Fotos hätte entwickeln können. Die Gesellschaft ist mobiler geworden und wir können heute ohne weiteres auch ein Gewässer erreichen, das vor Jahren noch „in weiter Ferne" lag. Das ein oder andere Negativerlebnis ist also die logische Folge der rasanten Zunahme fliegenfischereilich interessanter Flüsse.

Die Möglichkeit, wesentlich mehr Gewässer als noch vor Jahren zu befischen, hat die Wahrscheinlichkeit erhöht, an das falsche Gewässer zu fahren, und Irrtümer sind auch bei bester Planung immer noch möglich. Bei gar keiner Vorbereitung allerdings sind sie vorprogrammiert.

Natürlich kann man nicht alle Einfluss nehmenden Faktoren miteinander in Beziehung setzen, denn dann kommt man den Kombinationsmöglichkeiten eines Tresorschlosses nahe, aber vor lauter Überlegungen nicht mehr zum Fischen.

Die Wahrheit liegt, wie so oft, in der Mitte. Aber wenn man ganz spontan ist, sich nichts außer der Fahrstrecke zum unbekannten Gewässer überlegt, ist der Fangerfolg weitgehend vom Zufall abhängig, oder wie heißt es so schön: „Wenn man nicht weiß, wohin man will, darf man sich nicht wundern, wenn man ganz woanders ankommt."

Wie man die Anzahl unerfreulicher Irrtümer möglichst gering hält

Wie bekommt man das nun alles heraus, was man wissen möchte? Da gibt es eine für viele „fahrende" Fliegenfischer mittlerweile unverzichtbare Informationsquelle. Die heißt „Fliegenfischen in Deutschland" und besteht aus einer Karte, auf der die meisten Fliegenfischergewässer verzeichnet sind. Die Gewässer sind durchnummeriert und zu jeder Nummer enthält das in der Karte befestigte Heft eine Information zu den Fangbestimmungen, den Kartenausgabestellen und den

Eine viel versprechende Stelle an der Kyll.

Bewirtschaftern. Nachlesbar sind Mindestmaße, Fischarten, erlaubte Angelarten, Kartenpreise und die Telefonnummern der Ausgabestellen.

Ein Gewässer kann man auch mit Hilfe der Landkarte und einer telefonischen Anfrage nach den Fischereibedingungen einschätzen. Möchte man Informationen zu Flüssen, die nicht in der obigen Karte verzeichnet sind oder hat man sie nicht zur Verfügung, ruft man beim Verkehrsamt eines größeren Ortes an diesem Fluss an. Von den meist freundlichen Damen und Herren bekommt man entweder sofort die gewünschten konkreten Auskünfte oder man erhält eine Telefonnummer der Kartenausgabestelle.

Das Internet hilft in zahlreichen Foren, z. B. www. Fliegenfischer-forum.de, dem Wissbegierigen weiter.

Faktoren der Gewässereinschätzung

1. **Ist der Wasserstand normal?** Er kann hoch sein wegen örtlicher Regenfälle, niedrig durch Trockenheit und trotz aktueller Trockenheit hoch, weil nach längerer Regenperiode Wasser aus der Talsperre abgelassen wird, womit niemand rechnet, der sich mit den Verhältnissen vor Ort nicht befasst hat.
2. **Wie wird das Gewässer bewirtschaftet?** Welche Fischarten sind da und welche Angelarten sind erlaubt? Wenn alle erlaubt sind, darf man kaum damit rechnen, ein gutes Forellengewässer vorzufinden, schon gar nicht, wenn bereits Spätsommer ist. Ebenfalls aufschlussreich sind Mindestmaße und Anzahl der Fische, die man mitnehmen darf. Zu niedrige Mindestmaße (22 cm) sind Anzeichen für schwachwüchsige Gebirgsforellen im Hochgebirge oder für „Put and Take"-Gewässer. Zu hohe (40 cm) mögen im Einzelfall berechtigt sein, sind aber oft zusammen mit einem hohen Tageskartenpreis Anzeichen für Beutelschneiderei.
3. **Die Gewässerstruktur** kann man mit Hilfe der Landkarte und der ausgewiesenen Fischarten einschätzen. Wenn auf der Landkarte im üblichen Maßstab das Flüsschen eingezeichnet ist, kann man davon ausgehen, dass es die erforderliche Größe hat, sowohl einen brauchbaren Forellen- und Äschenbestand aufzuweisen hat als auch Weißfischarten und Hecht.

Wenn der Bach so klein ist, dass er nur auf einer Wanderkarte seiner näheren Umgebung verzeichnet ist, das Mindestmaß für Karpfen bei 35 cm steht und dies ausdrücklich erwähnt wird, wäre es unklug, mit einem Forellengewässer zu rechnen, auch wenn diese als Fischart angegeben sind.

Aus den Angaben zum Fischbestand lässt sich sehr gut die Fließgeschwindigkeit und Größe des Gewässers abschätzen, weil eben manchmal – entgegen den geographischen Gegebenheiten – Forellenregion nicht dort ist, wo man auch Spiegelkarpfen und Aal fangen kann. Wenn in gebirgigen Regionen ein guter Weißfischbestand in einem kleinen Fluss vorhanden ist, dann muss man mit Staustufen rechnen, die aus dem Ursprungsgewässer einen treppenartig angelegten See mit Abfluss machen.

Vorgehensweise bei der Gewässersuche:

Als Beispiel diene folgender in etlichen Jahren des Fliegenfischens an vielen verschiedenen Gewässern bewährter Ablauf.

1. Klären Sie anhand oben erwähnter Karte, welche Gewässer in der Region vorhanden sind, in die Sie fahren möchten!
2. Entscheiden Sie mit Hilfe der Angaben im Beiheft, welches Gewässer für Sie attraktiv sein könnte und halten Sie Alternativen bereit!
3. Rufen Sie bei der Kartenausgabestelle an, ob es zum fraglichen Zeitpunkt noch Karten gibt! (An manchen Flüssen sind die Karten limitiert, und es kann sein, dass schon im Juli keine mehr ausgegeben werden.)
4. Erwähnen Sie, dass Sie die weite Reise nicht umsonst machen möchten, dass Sie schon viel Gutes von diesem Fluss gehört hätten und Sie werden Gesprächspartner finden, die bemüht sind, Ihnen Enttäuschungen zu ersparen. Manchmal erhalten Sie so ganz umsonst Tipps zu den gängigen Fliegen und Gewässerabschnitten.
5. Erwähnen Sie, dass Ihre heimischen Gewässer leider vom Kormoran besucht werden und man wird sich beeilen, Ihnen für den dortigen Fluss das Gegenteil zu versichern oder man wird verdächtig schweigen.
6. Wollen Sie zu einem späteren Zeitpunkt fischen, erkundigen Sie sich unmittelbar vor dem Fischen nach dem Wasserstand, besonders im Hochsommer und nach Schlechtwetterperioden.

So sieht ein sauberer Wurf an einem guten Gewässer aus.

Die Standplätze der Fische

Es gibt unter den Fliegenfischern glückliche Menschen, denen die Gnade des geographisch günstigen Wohnortes zuteil wurde. Leider gehören die wenigsten dazu und der größere Teil der Fischer lebt in den Ballungsräumen oder ihrem Umland und zählt deshalb zum „fahrenden Volk“. So wie die meisten Fliegenfischer dieser Gruppe angehören, so sind die von ihnen besuchten Flüsse auch größtenteils einer bestimmten Struktur zuzuordnen: Der größte Teil der zugänglichen und attraktiven Flüsse befindet sich in den Mittelgebirgen oder im Alpenvorland. Flüsse und Bäche in diesen Regionen zeichnen sich durch ein insgesamt mittleres Gefälle mit schnellen und langsamen Strecken im Wechsel aus. Sie bieten auf Grund ihrer Struktur den von uns bevorzugten Forellen und Äschen gute Lebensbedingungen, denn sie sind sauerstoffreich und in ihnen befinden sich oft zahlreiche künstliche und natürliche Hindernisse, die zu Rauschen und Wehren mit den dahinter befindlichen Gumpen führen. Schnell strömende Rinnen wechseln ab mit breiten Rieselstrecken über flachem Kiesgrund

Suchende Blicke – Wo stehen die Äschen?

mit einzelnen Steinen. Auch wenn nichts steigt und man keinen Fisch sieht, gibt es Stellen, die förmlich nach Fisch riechen. Hin und wieder sieht man Kollegen, die gerade erst mit dem Fliegenfischen begonnen haben, wie blind an einem Gewässer entlang suchen. Das richtige „Lesen“ des Flusses muss man lernen, entweder über viele Jahre nach der Methode „Versuch und Irrtum“ oder schneller, indem man sich zunächst Folgendes vergegenwärtigt: Fische stehen da, wo sie den Bedürfnissen ihrer Art entsprechend Schutz vor Feinden, genügend Nahrung und Sauerstoff finden. Die Bedürfnisse der in vielen Gewässern vorkommenden, fliegenfischereilich interessanten Fische unterscheiden sich. An den langsam strömenden Stellen wird man Döbel finden, in schnellen Runs hauptsächlich Äschen und in Strömungstaschen und der Deckung von Steinen überwiegend Forellen. Eine eindeutige Zuordnung ist natürlich nicht möglich und oft fängt man in einer mäßig schnellen Fließstrecke alle drei Arten. Zudem muss man berücksichtigen, dass Forellen und Döbel oft abends ihre Unterstände verlassen und im Freiwasser auf Beutezug gehen.

TIPP

Bevor Sie Ihre Fliege irgendwo hin ablegen, betrachten Sie einige Minuten die einsehbare Strecke. Stellen Sie sich vor, Sie wären ein Fisch. Wohin würden Sie sich nicht stellen? Schließen Sie auf diese Weise die uninteressanten Bereiche zunächst einmal aus. Nehmen Sie sich anschließend vor, die „gut aussehenden“ Stellen nicht wahllos, sondern systematisch zu befischen.

Forellenstandplätze

Wenn wir an einem fremden Gewässer sind, halten wir natürlich zunächst einmal Ausschau: Steigen irgendwo Fische? Oft ist dies nicht der Fall, und wenn wir nur die Stellen anfischen würden, an denen wir einen Steiger beobachtet haben, blieben die meisten Fische ungefangen. In unbekannten Gewässern habe ich meine besten Fische stets gefangen, indem ich eine Fliege dort abgelegt habe, wo ich mich – wenn ich eine Forelle wäre hingestellt hätte.

Das ist z. B. vor der Krone eines Wehrs. Hier stehen die Forellen oft auf der ganzen Flussbreite verteilt und im tiefen Wehrgumpen dahinter stehen die Großen, die hier auf herunterfallende Nahrung warten. Forellen benötigen neben sauerstoffreichem Wasser Deckung vor Feinden und Schutz vor der Strömung, deshalb findet man sie oft in Strömungstaschen vor oder hinter großen Steinen. Von diesen Ruheplätzen aus können sie sich ohne weite Wege die Nahrung aus der Strömung pflücken und an ihren Platz zurückkehren.

Über einem stark unebenen Gewässergrund mit vielen Steinen und Löchern kann man ebenfalls Forellen erwarten, und forellenhaltig sind auch die zur Uferbefestigung gedachten Steinpackungen. Bei hellem Sonnenschein halten sie sich gern unter unterhöhlten Prallufern auf und es lohnt, dort eine Fliege vorbeitreiben zu lassen. Die größeren Exemplare findet man an den tieferen Stellen. Beachten sollte man auch die Kehrwasser hinter einem Wehr. Ihnen muss man sich vorsichtig annähern. Am besten nicht von der Seite, denn hier schauen die Fische in alle Richtungen, am Einlauf des Kehr-

Forellen- und Äschenstandplätze

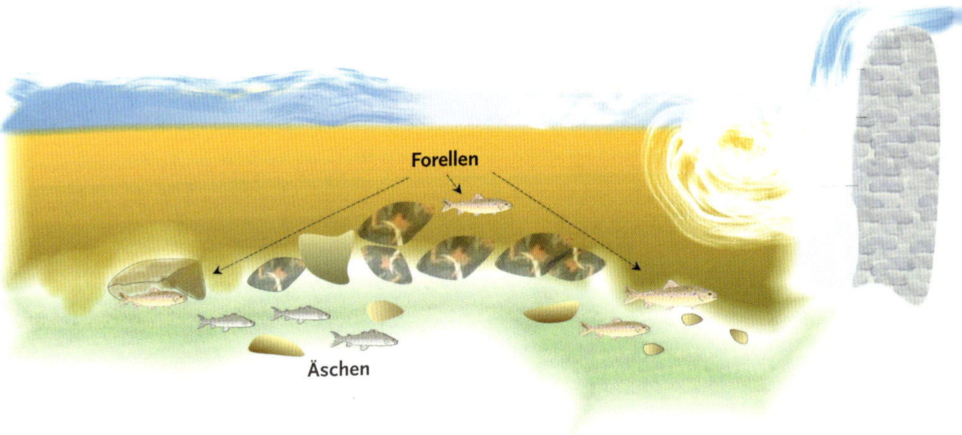

wassers flussaufwärts und mittendrin genau in die andere Richtung, denn sie stehen mit dem Kopf immer gegen die Strömung. Bei größeren Gumpen sollte man den Einlauf und den Auslauf besonders beachten. In der Dämmerung tauchen die größeren Forellen oft im Freiwasser auf und man kann dann zur Zeit des so genannten Abendsprungs innerhalb einer halben Stunde unter Umständen besser fangen als während des ganzen Tages. Tagsüber steht im Freiwasser hinter flachen Steinen über Kiesgrund oft nur der „Kindergarten“. Wenn man keinen Wert darauf legt, alle paar Minuten ein 15-cm-Fischchen vom Haken zu lösen, sollte man deshalb bei der Forellenpirsch, wenn keine Fische steigen, andere Stellen aufsuchen und sich dabei von den „Überlegungen“

der Fische leiten lassen, also: Wo sind Deckung, Sauerstoff und Nahrung?

Äschen- und Barbenstandplätze

Unseren Äschen wird oft nachgesagt, sie stünden gerne in der Strömung. Diese falsche Ansicht geht auf einen Beobachtungsfehler zurück. Vielfach nehmen Äschen die Fliege mitten in der starken Strömung, daraus schließt man dann, sie stünden auch dort, wo sie beißen. Kein Fisch geht verschwenderisch mit seiner Energiebilanz um, auch Äschen

Äschen stehen vor der Stelle, an der sie die Fliege nehmen

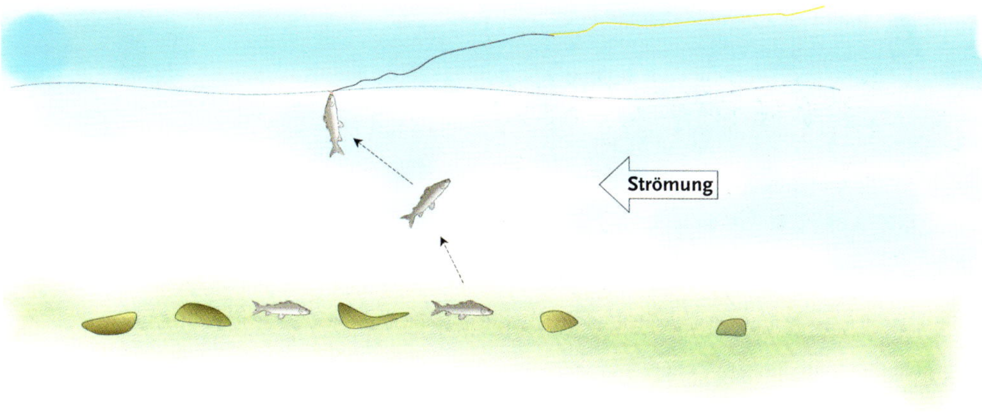

nicht. Die Strömung, die man an der Oberfläche sieht, ist eine ganz andere als die am Grund. Wer einmal im halbmetertiefen Wasser in der starken Strömung zum Grund hinunter reicht, wird feststellen, dass knapp über Grund die Strömung fast aufgehoben ist, und genau dort stehen die Äschen. Da viele Fischer aber das, was sie an der Oberfläche sehen, für das Ganze halten, befischen sie diese Runs erst gar nicht in der Annahme, dass in dieser starken Strömung sowieso kein Fisch stehe. Wenn Äschen zum Bestand gehören, ist das ein Fehler. Trotzdem muss man die Strömung berücksichtigen, denn die Fische müssen auf dem Weg nach oben hindurch, lassen sich dabei oft nach rückwärts abtreiben und kehren anschließend zu ihrem Standplatz zurück.

Montage für Barben

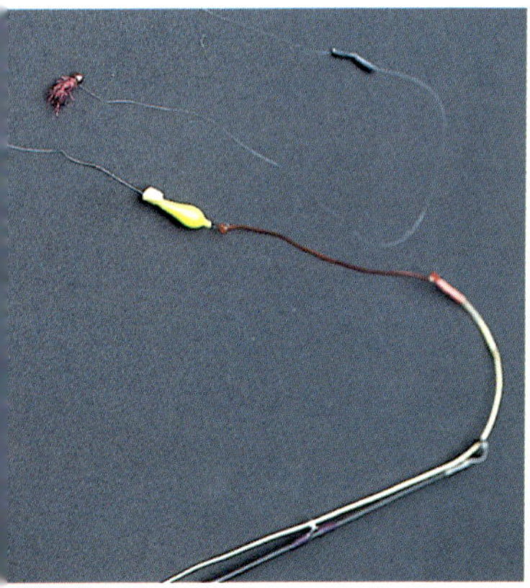

Wenn man die Fliege dort platziert, wo die Äsche an der Oberfläche Nahrung genommen hat, wirft man ihr die Fliege in den Rücken. Eine Faustregel besagt, dass man die Wassertiefe mit 1,5 oder gar 2 malnehmen soll und den Steigring um diese Strecke nach vorn überwirft. Äschen sind auch in größeren Exemplaren tagsüber im Freiwasser dicht am Grund zu finden und solche schnellen Runs an Engstellen sind mitunter ziemlich fischhaltig. Sie scheinen weniger Wert auf Deckung durch Steine zu legen und sie sind nicht sehr scheu. Man kommt relativ nahe an sie heran. Dafür sind sie aber heikel, was die Präsentation der Fliege betrifft, denn diese muss genau in ihrer Bahn liegen, etwas seitlich abgelegte Fliegen ignorieren sie häufig.

In der Strömung oder vielmehr darunter findet man in vielen größeren Flüssen bzw. in der Barbenregion gründelnde Barben beachtlicher Größe. Sie steigen nicht und sind nur mit viel Geduld an eine bunte Nymphe zu bekommen. Aber dann geht die Post ab. Der Drill einer 60-cm-Barbe am 5er-Gerät beansprucht Gerät, Fischer und Fisch bis zum Äußersten. Barben kann man nicht so einfach mal nebenbei mit einer ans Vorfach geknüpften Nymphe fangen. Dazu muss man je nach Wassertiefe und Strömungsstärke die Vorfachspitze auf mindestens 3 m verlängern, 30 cm hinter der Nymphe ein Spaltblei befestigen und sie stromauf so weit überwerfen, dass die Nymphe an ihrem Standplatz wirklich über den Grund hoppelt. Für große Barben benötigt man eine entsprechende Vorfachstärke oder man muss das Gerät für den Barbenfang speziell zusammenstellen: Eine lange, weiche Rute, ein Shockabsorbervorfach und die Spitze in möglichst geringerer Schnurstärke, 0,12 – 0,16. Diese Zusammenstellung bewirkt, dass die Nymphe besser den Grund erreicht, und der Shockabsorber plus weicher Rute verhindert das Abreißen der dünnen Vorfachspitze. Die unbeschwerte Nymphe sollte kurz über Grund treiben und das Spaltblei über denselben hoppeln. Dieses Hoppeln macht sich in kurzen Stopps der Schwimmleine bemerkbar. Da aber nur ausgefuchste Barbenspezialisten den kurzen Biss einer Barbe vom Grundkontakt des Spaltbleies unterscheiden können, quittieren wir jeden Stopp mit einem Anhieb aus dem Handgelenk. Die Leine muss relativ lose auf der Oberfläche liegen, damit sie das Vorfach nicht hoch reißt, aber sie muss mit der linken Hand schnell genug eingestrippt werden, sodass der Anhieb noch bis zum Fisch durchdringt. In ausgeprägten Strömungen fischt man zudem am besten mit einem Bissanzeiger auf der Leinenspitze.

Döbelstandplätze

Die wenigsten Fliegenfischer fahren mit der ausdrücklichen Absicht ans Fischwasser, Döbel zu fangen.

In reinen Forellen- und Äschengewässern sind sie nicht gern gesehen, weil sie gegenüber ersteren durchsetzungsfähiger sind und ohne hegerische Maßnahmen sehr schnell den Fischbestand des Gewässers dominieren. Aber in vielen Flüsschen sind sie nun einmal vertreten und sie bieten eine hervorragende Fischwaid, denn sie zu fangen erfordert meistens erheblich mehr Können als z. B. der Fang der „Kindergartenforellen". Wenn man in den ruhigen, fast stehenden Gewässerpassagen Fische stehen sieht, sind das Döbel. Die Wasseroberfläche ist spiegelglatt, keine Strömung lässt die Silhouette des Vorfachs und der Fliege verschwimmen, und die Fische können die Angelegenheit in aller Ruhe betrach-

TIPP

Wenn die Döbel nach Ihrer Fliege steigen, aber sie nur anstupsen, liegt das meistens daran, dass die Döbel sie bemerkt haben und deshalb besonders vorsichtig sind. Fliegenwechsel bringt in der Situation nicht viel, sondern ein Positionswechsel ist angebracht.

Ein Döbel kurz vor der Landung.

ten, denn die Fliege macht mangels Strömung keine Anstalten zu entschwinden. Es sind aufregende Momente, wenn sich ein großer Döbel langsam wie ein Luftschiff nach oben bis unter die Fliege treiben lässt, diese einen kurzen Augenblick betrachtet und sie dann, als habe er alle Zeit der Welt, einschlürft. Im hellen Sonnenschein, wenn sich die Forellen verstecken, sieht man die Döbel oft bewegungslos im Wasser stehen. Wenn man sie an die Fliege bekommen will, muss man weit genug von ihnen wegbleiben, denn nicht nur wir sehen sie im langsamen Wasser gut, sondern sie uns auch. Im stärker strömenden Fluss sieht man sie am Rand des Gewässers stehen, fast schon auf dem Land über flachen Sandbänken, in kleinen strömungsarmen Buchten und Kehrwassern. Wenn wir am Fliegenwasser entlangpirschen, müssen wir uns entsprechend vorsichtig bewegen, damit wir die nicht

Unterschiedliche Standplätze für verschiedene Fischarten.

verscheuchen, die uns in der Tageshitze bis zum Abendsprung der Forellen die Zeit verkürzen und uns Gelegenheit zur Erprobung unseres werferischen Könnens geben.

Standplätze für alle

Wie oben schon erwähnt, gibt es natürlich keine eindeutige Entsprechung von Standplatz und Fischart, sondern nur unterschiedliche Vorlieben und Abneigungen. Deshalb befinden sich an manchen Stellen auch alle drei Fischarten in schöner Eintracht. In mäßiger Strömung steht manchmal ein kleiner Schwarm, in dem Forellen Äschen und Döbel in etwa der gleichen Größe zu finden sind. An Bacheinmündungen und Strömungskanten sind solche Plätze, weil dort viel Nahrung an- bzw. vorbeitreibt. Fliegenfischer, die sich immer wieder in die Fische hineindenken, entwickeln sehr schnell einen Blick für die „fischigen" Stellen und legen auch an fremden Gewässern, wenn nichts steigt, ihre Trockenfliege oder Nymphe mit beinahe traumwandlerischer Sicherheit an den richtigen Stellen aus. Sie können den Fluss lesen.

TIPP

Nehmen Sie sich Zeit, das fremde Gewässer in Ruhe ein Stück entlangzugehen, bevor Sie mit dem Fischen beginnen.

Viele Fliegenfischer können „lesen"

Sie befinden sich auf der Autobahn Richtung Fischwasser. Ihr bevorzugtes Revier ist ein kleines, gut besetztes Flüsschen. Es ist Samstag, schönes Wetter und Sie freuen sich auf das im Sonnenlicht glitzernde, klare Wasser, die Ruhe nach einer harten Arbeitswoche, die steigenden Bachforellen Es ist Samstag! Hoffentlich sind nicht schon zu viele da. Eigentlich wollten Sie an der Einmündung des Nebenbaches anfangen, aber da wird schon einer stehen. Wie ist es denn hinter der Rausche vor der Brücke im Städtchen? Ja da erst recht, die parken doch alle da. Vielleicht hätten Sie doch nicht so ausgiebig frühstücken sollen. Unwillkürlich treten Sie aufs Gaspedal, die Zeit drängt; vielleicht sind doch noch nicht alle guten Stellen besetzt. Aus ist es mit der Ruhe. Und warum? Weil die meisten anderen Fliegenfischer auch die Standplätze der Fische kennen und an den offensichtlich fängigen Stellen stehen. Besser sollte man sagen: an den ehemals fängigen Stellen.

TIPP

Wenn Sie weder Fische steigen noch stehen sehen, beginnen sie an einer vielversprechenden Stelle, aber machen Sie sich vorher Gedanken über die günstigste Wurfposition.

TIPP

Wenn die anvisierte Stelle nicht tiefer als 1 m ist können Sie mit der Trockenfliege beginnen. Nehmen Sie als Fliege, wenn Sie auf dem Wasser keine speziellen Fliegen sehen, ein Allroundmuster, z. B. eine Adams oder als Nymphe eine Hasenohrgoldkopfnymphe.

TIPP

Pirschen Sie langsam stromauf, indem Sie alle möglichen Standplätze im obigen Sinne der Reihe nach anfischen.

Die ehemals fängigen Stellen

Aber weil alle Fliegenfischer den Fluss lesen können, stehen auch alle da und die Fische können sich an Samstagen kaum retten vor über ihren Köpfen sausenden Flugschnüren. Dass sie dabei den Appetit verlieren und nur noch äußerst schwierig an die Fliege zu bekommen sind, versteht sich von selbst. Ein fataler Kreisprozess spielt sich an solchen Stellen ab: Je schlechter die Forellen beißen, desto mehr wedelt es in der Luft, wäre doch gelacht, wenn man keine von denen bekäme – und je mehr es wedelt, desto schlechter beißen die Fische. Wir können nun am allgemeinen Wettlauf teilnehmen und uns einreden, dass der Fischer, der gerade als Schneider das Kehrwasser verlässt, nur deshalb nichts gefangen hat, weil er a) nicht werfen kann und b) nicht die richtigen Fliegen hat. Dann können wir uns selbst dahinstellen und bis zum fünfundzwanzigsten Wurf glauben, es besser zu können, bevor wir zur nächsten freien Stelle eilen. Da haben wir uns auf ein Fischen in „unberührter Natur" gefreut und finden eine ganze Reihe Fliegenfischerkollegen vor, die die gleiche Idee hatten und nun an den wenigen Ausläufen und Kehrwassern im Uhrzeigersinn wechseln. Unter diesen Umständen bleibt nur ein Wechsel der Taktik. Wenn wir dem menschlich verständlichen Bedürfnis, in möglichst kurzer Zeit alle viel versprechenden Stellen ausprobiert zu haben, widerstehen können, bleibt uns also nur eins: Am fremden Fluss genau das zu tun, was uns an unserem Hausgewässer die „Geheimstellen" beschert hat, die wir nach und nach entdeckt haben, weil wir genauer hingesehen und Standplätze entdeckt haben, die erst auf den zweiten Blick als solche erkennbar waren. Dazu zählen vor allem auch kleinräumige ruhige Bereiche, die oft deshalb interessant sind, weil sich auch Fische nicht ständig auf der Jagd nach Fressbarem befinden, sondern sich gelegentlich ausruhen. Aber das hält sie nicht davon ab, eine Fliege von der Oberfläche zu pflücken, die ihnen vor das Maul fällt und die sie ohne viel Aufwand einschlürfen können. Das ist am fremden Fluss genau so wie an unserem heimischen und wenn wir hier erfolgreich sein wollen, müssen wir halt nicht nur die Überschriften, sondern zwischen den Zeilen lesen und am besten der Reihe nach.

Neue Standplätze entdecken

Wir beginnen damit, dass wir uns von der allgemeinen Hektik nicht anstecken und von der Überlegung leiten lassen: Wo sind die für den Fischer unbequemen Standplätze, wo sonst selten jemand hinkommt, weil man sich durch die Brennnesseln kämpfen oder klettern muss?

Dass wir uns vorsichtig bewegen, ist selbstverständlich. Aber auch dann werden wir viele Fische trotz unserer Polbrille nicht sehen, denn sie sind Meister der Tarnung. Dort, wo die Strömung ziemlich schnell über die großen Steine eilt, könnten doch Äschen stehen, denn die Steine bieten in Grundnähe genügend Strömungsschatten. Auf dem Gewässergrund sind eben die Strömungsverhältnisse ganz anders, als sie sich an der Oberfläche darstellen. Der erste Blick von weitem – da ist die Strömung zu stark, da steht nichts – täuscht. Auf Kiesgrund bieten selbst Steine von nur 10 cm Höhe ausreichenden Strömungsschatten. Ein zusätzliches Versteck sind sie, wenn sie oben breiter als an ihrer Auflage sind, weil die Fische sich dann regelrecht darunter stellen können. Wer einzelne Steine in der Strömung oder ganze Steinpackungen in schnellem Wasser entdeckt und gezielt befischt, wird sich wundern, wie viele Bisse er bekommt. Den Anhieb kann man sich meistens auch sparen, weil die Fische sich in schnellem Wasser oft selbst haken. Die meisten Forellengewässer haben solche auf den ersten Blick unansehnlichen Strecken, die es zu entdecken und zu befischen gilt.

Links neben dem Stein unter den Ästen müssen einfach Fische stehen.

Vor etlichen Jahren sah ich an der Wiesent einen alten Herrn auf einer Uferbank sitzen. Sitzend schwang er seine Fliegenrute und legte die Trockenfliege in unglaublich gekonntem Wurf auf der Wasseroberfläche ab. Da sitzende Fliegenfischer mir bis dahin fremd waren, schaute ich ihm zu. Nach einigen Versuchen biss eine schöne Forelle, er kurbelte sie bis zum Ufer und eine junge Begleiterin ging an das flache Ufer, löste den Fisch und ließ ihn schwimmen. Die Sache faszinierte mich, und als ich näher kam, sah ich, dass der Fischer wohl 90 Jahre oder älter sein musste. Das Bild ließ mich nicht mehr los, und ich wünschte mir, in vielen Jahren auch noch so zufrieden am Wasser sitzen zu können wie der alte Herr.

Auf dem Weg durch den Fluss zu den „schwierigen" Stellen.

Sitzende Fliegenfischer sind mir nicht mehr begegnet, wohl aber Fischer, die am liebsten mit dem Auto bis an das Kehrwasser fahren, an dem sie bevorzugt fischen. Den Ausspruch : „Nach xy fahre ich eigentlich nicht so gerne, da kann man kaum vom Ufer aus fischen", habe ich auch schon häufiger gehört. Aber ein wesentliches Merkmal des Fliegenfischens ist eben, dass wir nicht durch Anfutter die Fische zu uns holen, sondern dass wir dahin gehen, auch klettern, wo die Fische sind.

Meine besten Forellen fange ich an einem gern besuchten Fluss in Löchern, die man nur nach einer Kletterpartie durch den Fluss erreicht. In fast jedem dieser hinter großen Steinen liegenden Löcher, in die oft von zwei Seiten das Wasser hineinstürzt, stehen ein oder zwei Forellen, denen die Nahrung entweder unter Wasser zugespült wird oder denen von oben ein Insekt „zufällt". Auf dem Wasser abtreibende Eintagsfliegen gibt es in diesen vielleicht zwei mal drei Meter großen Gumpen mit zwei Zuflüssen und einem Abfluss nicht. Dementsprechend verhalten sich die Fische.

TIPP

Suchen Sie die größeren Forellen dort, wo sie an stark befischten Gewässern stehen, nämlich an schwer zugänglichen Stellen, die trotzdem alle Bedingungen hinsichtlich Deckung und Sauerstoff erfüllen.

Fällt von oben eine Trockenfliege auf ihre Behausung, nehmen sie diese sofort, ebenso eine hineinplatschende Nymphe. Man kann dort ruhig auf Verdacht eine Fliege ablegen. An diesen Stellen ist mir noch nie ein anderer Fliegenfischer begegnet. Entsprechend leichtfertig sind die Forellen. Nur, man muss sich halt an großen Steinen vorbei durch die Strömung manchmal ziemlich mühevoll zum Ort seiner Erfolge hangeln. Dann aber fängt man oft mehr und größere Fische als der Kollege, der am Allerweltsgumpen seit zwei Stunden seine Fliegen durchwechselt.

Ist jetzt nur der ein guter Fliegenfischer, der seinen Angeltag zu einem Abenteuerurlaub mit Überlebenstraining am Wasser umgestaltet? Keinesfalls: Ich gestehe, dass ich bei den oben geschilderten Kletterversuchen ein Vollbad nehmen durfte, bis ich die ohne Bergausrüstung gangbare Route entdeckt hatte. Ich möchte hier keinesfalls zu unkalkulierbaren Abenteuern aufrufen. Ein Watstock sollte schon dabei sein. Und jeder muss seine körperlichen Möglichkeiten selbst richtig einschätzen, aber von solchen „unerreichbaren" Stellen kommt man oft mit schönen Fischen zurück. Und an den meisten Flüssen gibt es wenig beangelte Stellen, die zwar mit einer gewissen körperlichen und mentalen Anstrengung, aber ungefährlich zu erreichen sind. Dazu zählen auch die, an denen man schlecht werfen kann. Das sind z. B. von Erlen überwachsene Uferstrecken. Oft kann man unter den Bäumen mit einer kurzen Bachrute nur knieend werfen, sonst ge-

TIPP

Geben Sie bei hellem Sonnenschein nicht vorzeitig auf, sondern warten Sie die Dämmerung ab.
Der erste Wurf sollte bei den scheuen Größeren schon richtig liegen, weiteres Gewedel macht misstrauisch.
Bedenken Sie, dass Äschen oft unter der Strömung stehen, also auch in „wilden" Abschnitten Fische sind.

rät man ins Geäst. Doch durchgehend zugewachsene Bereiche beherbergen in der Regel nicht allzu viele Fische, weil das Nahrungsaufkommen an diesen Stellen zu gering ist. Aber es gibt auch andere Bereiche, an denen sich Schatten- und Lichtpartien abwechseln. Dort werden die überschatteten Bereiche von den Fischen gern als Deckung benutzt. Die große Forelle unter dem überhängenden Weidenbusch, aus dem ihr manches Landinsekt vor die Nase fällt, ist ein den meisten Fliegenfischern bekanntes Bild. Ein weniger bekanntes Bild ist der Fischer, der mit dem besagten Busch zur Einheit verschmolzen, in den Zweigen hockt und versucht, auf völlig ungewohnte, unelegante Weise aus dem Busch heraus seinen Käfer aufs Wasser fallen zu lassen. Er wird aber häufig der erfolgreichere Fischer sein, weil er diese Stelle als zwar schwierig zu befischen, aber fängig erkannt hat und sich nicht abschrecken ließ.

An einem „meiner" Flüsse lassen sich etliche Kollegen von dem Umstand abschrecken, dass ein großer Teil der Angelstrecke durch das Stadtgebiet führt. Das Verhalten meiner Mitfischer ist in diesem Fall allzu verständlich, da sich an guten Fischtagen Besucherströme durch das hübsche Städtchen wälzen und die Touristen von den hohen Mauern herab, die zu beiden Seiten den Fluss eingrenzen, das Geschehen mehr oder weniger – meist weniger – sachkundig kommentieren. Ich fische in der Stadt auch nur dann, wenn anderes überlaufen ist und wenn ich an diesem Tag die nötige Gelassenheit aufbringen kann, mit den besonderen Anforderungen fertig zu werden. Welche sind das? Nun, z. B. folgende: Sie stehen zwischen den Mauern im Fluss und versuchen, einen vielversprechenden Steiger hinter einem großen Stein anzuwerfen. Da erscheint oben an der Ufermauer eine wild fotografierende, sich laut unterhaltende Besuchergruppe aus Japan. Die Damen und Herren strömen alle wie auf Kommando zur Ufermauer, beugen sich darüber und sehen zu Ihrer und der Forellen Bestürzung die Fische stehen. Augenblicklich geht ein unglaubliches Spektakel los: Alle schauen zu Ihnen, schreien etwas Unverständliches und zeigen ins Wasser. Die Japaner, die es ja nur gut meinen, gestikulieren wild, schreien immer lauter und scheinen wild zeigend die im

Wasser stehenden Forellen mit den Fingern durchbohren zu wollen. Die Fische verlieren die Nerven und schießen angesichts der drohenden Gefahr, von japanischen Zeigefingern aufgespießt zu werden, in alle Richtungen davon. Enttäuscht verliert sich die Reisegruppe in den Gassen der Stadt. Wer mit solchen Ereignissen leben kann, wer in der Lage ist, wirklich dumme Fragen zu überhören und sich mit der Tatsache abgefunden hat, ein Fischmörder zu sein und dies auch gesagt zu bekommen, der findet zwischen den Mauern in Ortschaften unglaublich gute Stellen, die deshalb so fängig sind, weil sie nur von wenigen Fischern aufgesucht werden. Denn die Fische sind durch den gewohnten Anblick von Menschen weniger scheu und deshalb sollte man einen Versuch machen, und zwar am besten in den frühen Morgenstunden, wenn noch keine Besucher da sind. Später kann man sich immer noch an den von Touristen wenig frequentierten Teil des Flusses zurückziehen und dort Fische fangen, wo sie, versteckt unter den Büschen, von den bequemeren Kollegen unbehelligt auf Herabfallendes warten.

Abschnitt in der Stadt Monschau mit vielen Fischen und hoffentlich wenigen Touristen.

Die richtige Taktik für jeden

Jedes Gewässer erfordert, dass man sich darauf einstellt, denn schließlich sind das Nahrungsangebot, die vorkommenden Fischarten und die Wurfbedingungen unterschiedlich. Wer an einem zu Tal schießenden Gletscherbach eine Daddy-Long-Leg mit einem gestreckten Wurf zu Wasser bringt, braucht sich über Erfolglosigkeit genauso wenig zu wundern wie derjenige, der am Wiesenbach eine schwarze Phantasiefliege mit roten „Sichtflügeln" in einem Puddle-Cast auf die Oberfläche legt.

Am Mittelgebirgsbach/-fluss

Jeder hat bei der Fischerprüfung gelernt, dass es in Flüssen die Forellenregion, die Äschenregion, die Barbenregion und schließlich die Brachsenregion gibt.

Ein schmales Flussbett und interessante Strömungsverhältnisse.

Da diese Flussabschnitte ineinander übergehen, kann man in manchen Flüssen die ersten drei Regionen in einer Strecke vereint vorfinden, und an manchen Mittelgebirgsflüsschen eben entsprechend, natürlich noch um den Döbel ergänzt, vier „Fliegenfischarten". Dabei ist der Döbel in diesen Gewässern häufig, die Barbe seltener vertreten. Erst wenn der Fluss breiter und tiefer wird, finden Barben die optimalen Lebensbedingungen. In der Regel sind Mittelgebirgsbäche/-flüsse bis zur Mündung insgesamt schnell strömend und beherbergen im besten Fall nur Forellen und Äschen, im weniger guten, aus fischereiwirtschaftlicher Sicht, auch noch Döbel. Alle drei Fischarten sind mit der Trockenfliege, der Nymphe und Forellen und Döbel auch mit dem Streamer zu fangen.

Typisch für diese Gewässer ist, dass das insgesamt mittlere Gefälle stark strömende und langsame Passagen bewirkt. Welche Fische jeweils wo zu finden sind, wurde bereits erläutert. Aber der Fischer muss auch damit umzugehen wissen. Wer sich am fast stehenden Stauabschnitt des Flüsschens genau so verhält wie 500 m oberhalb an der Rieselstrecke, wird wenig Erfolg haben.

Klares, fast stehendes Wasser bedeutet, dass die Fische sowohl die Umgebung als auch das Vorfach und die daran befindliche Fliege deutlicher sehen. Deckung und größere Wurfentfernung für den Fliegenfischer sind also wichtig, ebenso ein dünnes Vorfach und eine überlegte Präsentation. Es macht keinen Sinn, in langsam strömendem Wasser dem Fisch die Fliege 1,5 Meter vorzulegen. Er hat dann viel zu viel Zeit, an ihrer Fressbarkeit zu zweifeln. Sie sollte ihm besser, aber mit einem hauchzart abgelegten Wurf, wenn er oben steht, fast auf den Kopf fallen. Die meisten Fische reagieren spontan. Weiter oben, wo das Wasser schnell über den steinigen, zerklüfteten Untergrund strömt und die unruhige Oberfläche das auf ihr Treibende verschwimmen lässt, muss man nicht aus 20 m Entfernung an der Grenze des Wurfvermögens die Fische anvisieren, sondern sollte sich ihnen stromauf bis auf 6–7 m nähern. Würfe über möglichst kurze Distanz sind sicherer, aber der Strömung entsprechend bitte weit genug vorlegen.

TIPP

Wenn Sie Einen Standplatz oder einen Fisch sehen, überlegen Sie zunächst, wie weit und von welcher Seite Sie sich dem Fisch nähern wollen und können, ohne gesehen zu werden. Achten Sie bei der Präsentation darauf, dass vor allem in ruhigem Wasser der Fisch keine Zeit haben soll, sich Ihre Fliege lange anzusehen, sondern nutzen Sie seinen Schnappreflex, indem Sie ihm den Köder direkt vor die Nase legen.

Am Wiesenbach

An einem glasklaren tiefen Wiesenbach in der Fränkischen Schweiz präsentierte ich von hinten seitlich einer wunderschönen Forelle einen Teil meiner Fliegenkollektion. Hin und wieder nahm sie schlüpfende Baetis von der Oberfläche, meine Fliegen ignorierte sie samt und sonders. Ich war relativer Anfänger, der Fisch offenbar nicht. Ich gab auf und durchwatete 50 m oberhalb der Forelle den Bach. Doch es zog mich auf der anderen Seite zurück. Es wäre doch gelacht, wenn ...

Döbelpirsch an der Wurm, einem schönen Wiesenbach.

Vorsichtig schlich ich zurück, merkte mir anhand eines Steines am Ufer den Bereich, wo die Forelle stand und ging in die Knie. Dann zog ich Schnur von der Rolle und präsentierte knieend mit ein paar Leerwürfen die Fliege kurz davor, wo die Forelle ungefähr stehen musste. Sehen konnte ich aus meiner Position weder die Forelle noch die Fliege. Als nach meiner Berechnung die Fliege im Sichtbereich der Forelle angekommen sein musste, stand ich auf, gerade rechtzeitig genug, um einen Anhieb zu setzen. Der Fisch hatte sofort meine vorher aus anderer Position mehrfach vergeblich präsentierte Fliege genommen. Am Wiesenbach treffen wir diese

Verhältnisse an: Die Fische stehen unter und hinter den Krautfahnen der Wasserpflanzen und in Ufernähe in der Deckung des Uferbewuchses. Die Strömung ist über weite Passagen mäßig, das Wasser klar und tief. Die Leine wirft bei Sonnenschein als Schatten einen Balken auf dem Gewässergrund, Vorfach und Fliege zeichnen sich klar an der Wasseroberfläche ab. Der Bach kann womöglich wegen seiner Tiefe und seines weichen Grundes nicht bewatet werden. Kein Strauch, kein Baum bieten Deckung. Bevor man sich nun in eine Position zum Fisch begibt, in der man für ihn wahrnehmbar ist, sollte man sich die Angelegenheit aus der Sicht des Fisches vergegenwärtigen. Wenn man sich vom Fischauge ausgehend einen Winkel von ca. 97° denkt, bilden die Begrenzungslinien des Winkels an der Wasseroberfläche die Größe des Fensters aus. Je tiefer der Fisch steht, desto größer ist also sein Fenster an der Oberfläche. Über der Wasseroberfläche vergrößert sich das Fenster, allerdings sieht der Fisch Gegenstände in diesem vergrößerten Bereich so, als stünden sie hoch über ihm. Man muss also entsprechend weit weg bleiben, tief stehen oder genau hinter dem Fisch sein, um nicht gesehen zu werden. Da bleibt nur, wenn waten nicht geht, eine entsprechende Wurfentfernung oder der kniende Wurf. Das gestaltet sich unter Umständen nicht so einfach, denn das hohe Gras, das womöglich die Ufer des Wiesenbaches säumt, hält unsere Fliege gerne fest, wenn wir nicht über eine ausreichend lange Rute von etwa 9 Fuß verfügen. Da Vorfach und Leine unter den gegebenen Verhältnissen recht gut sichtbar sind, empfiehlt sich der Wurf von vorne. Am Wiesenbach ist also bedächtiges, planvolles Fischen besonders gefragt. In der Ruhe liegt wie überall, aber hier ganz besonders, der Erfolg.

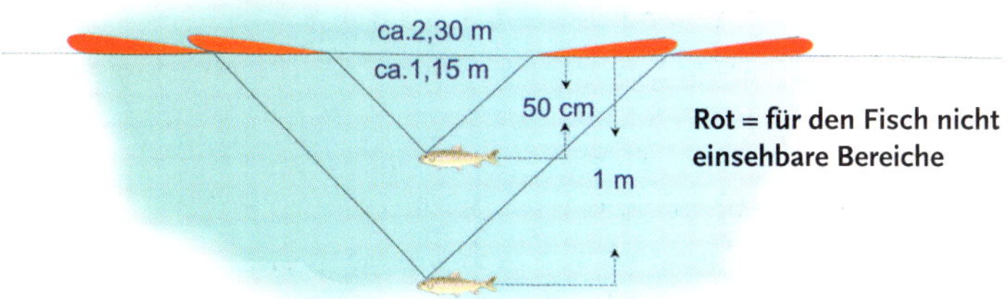

Rot = für den Fisch nicht einsehbare Bereiche

Der Sehbereich der Fische je nach Tiefe

TIPP

Am Hochgebirgsbach kommen Sie mit einer schwereren Rute oftmals besser zurecht, weil Sie mit dieser stark beschwerte Nymphen besser werfen können.

Hut mit Streamern – nicht nur originell, sondern auch nützlich.

Am Hochgebirgsbach

Das genaue Gegenteil vom ruhig strömenden Wiesenbach sind die Flüsse und Bäche in der Hochgebirgsregion. Über weite Strecken schießen diese Gewässer mit erheblichem Druck zu Tal. Letzteres tun auch die Trockenfliegen und Nymphen, die der „Flachlandurlauber" in gewohnter Manier stromauf präsentiert. So schnell kann man die Leine gar nicht einstrippen, wie sich die stromauf abgelegte Nymphe um die eigenen Waden wickelt. Wie sollen die Fische da überhaupt zum Beißen kommen, wenn welche da sind? Keine Angst, es sind welche da. Natürlich dort, wo sie Deckung finden. An solchen Flüssen sind natürlich die ruhigeren Stellen am Rand der Strömung besonders fischhaltig, aber auch der einzelne große Stein mitten in der Strömung beherbergt die eine oder andere Forelle. Die Nymphe muss halt nur schwer genug sein mit Tungstenkopf und Bleiwicklung und die Vorfachspitze lang genug, damit die Nymphe wenigstens bis unter die wirbelnde Oberfläche in den Sichtbereich tiefer stehender Fische kommt. Dann aber sind die nicht zimperlich, sondern haken sich, weil sie sofort richtig zupacken und in ihren Unterstand zurück müssen, meistens selbst.

Man braucht keine weiten Würfe, sondern kommt ganz nahe heran. So nahe, dass man es mit der Methode des „High Sticking" versuchen kann. Die schwere Nymphe wird vom Ufer aus oder aus dem seichteren Wasserbereich heraus nicht weit nach vorn abgelegt. Mit der Rutenspitze verfolgen wir die idealerweise über den Grund treibende Nymphe und schlagen an, sobald das Vorfach stehen bleibt. Die Rute sollte lang sein und die Leine das Wasser überhaupt nicht berühren, aber dazu müssen wir die Rute hoch halten. Auf diese Weise lassen sich die vom Ufer aus zu erreichenden schnell strömenden Strecken abfischen. Eine etwas längere Drift der Nymphe erreichen wir, indem wir mit einem Tuck Cast stromauf gerichtet in eine Strömungstasche ablegen. Wenn kein Biss erfolgt, strippen wir die auf uns zu schießende Leine in großen Zügen ein, heben dann die Rute und verfahren nach der Methode des High Sticking. Wenn die Nymphe an uns vorbei ist, geben wir Leine frei und lassen sie ein Stück weit stromab treiben. Wenn wir die Schnur jetzt stoppen, steigt

Fischen in der Partnach bei Garmisch-Partenkirchen, einem wunderbaren Hochgebirgsbach.

die Nymphe auf. Jetzt können wir sie gegen den Strom zu uns heranstrippen oder die hinter uns im Wasser haftende Leine zu einem Vorschwung aufnehmen und wieder nach vorne ablegen. Dass in diesem Wassergewirbel die Trockenfliege von den meisten ungern benutzt wird, leuchtet ein, denn man sieht sie schlecht. Wir können diesem Problem entgehen, indem wir auf den Gewässertyp abgestimmte Fliegen benutzen, nämlich große, gut schwimmende Fliegen, die sich deutlich von der Farbe des Wassers abheben. Schwarze Köcherfliegen sieht man z. B. in dem weiß-türkisfarbenen Gletscherwasser besonders gut, ebenso eine Klinkhammer mit roten Signalflügeln. Ein besonders natürlich wirkende Imitation ist nicht notwendig, die Fische haben wenig Zeit, die Angelegenheit zu betrachten. Aber sie müssen Zeit haben, die Fliege zu nehmen. Deshalb sind hoch angesetzte Parachutewürfe oder Pile-Casts angebracht. Oft sieht man den Biss nicht einmal, weil die Fliege irgendwo im Gewirbel verschwindet, aber die Schnur bleibt genauso stehen wie beim Biss an der Nymphe und die meisten Fische haken sich, weil sie sich aus den vorhin erwähnten Gründen selbst anschlagen. Beim Fischen mit der Trockenfliege sollten wir stets darauf achten, dass wir viel lose Leine und loses Vorfach zu Wasser bringen, weite Würfe sind nicht erforderlich, wohl aber in sich zusammensinkende Schnurkurven, und wenn man sich mit den Eigenarten schnell strömender Hochgebirgsbäche vertraut gemacht hat, wird man auch als „Flachlandtiroler“ dort seine Fische fangen.

High Sticking in der Rausche

Wurfvarianten und Wurfpositionen

Besser Fliegenfischen ist, dem anvisierten Fisch die Fliege aus der günstigsten Position mit dem richtigen Wurf so anzubieten, dass er keinen Verdacht schöpft.

Warum Planung sinnvoll ist

Wer kennt die Situation nicht: Im Strömungsschatten vor einem großen Stein steht eine prächtige Bachforelle. Gelegentlich pflückt sie eine Fliege von der Oberfläche. Wie lange steht sie noch da? Und schon überwältigt uns der Jagdeifer. Die Leine saust durch die Luft, die Fliege setzt einen halben Meter vor dem Fisch auf – und treibt gerade einmal 20 cm bewegungslos auf die Forelle zu, dann drückt die heftige Strömung einen Bogen in die schräg von hinten abgelegte Leine, die Fliege schlittert furchend am Fisch vorbei und der verschwindet in der Tiefe. Gewiß, der Fisch hätte auch die Fliege verfolgen und zupacken können, weil wir sie immerhin zu Wasser gebracht haben. Genauso gut könnten wir aber auch jetzt den hinter uns befindlichen Weidenbusch mit der darin verhakten Fliege schütteln, weil die aufregende Situation uns den Blick nach hinten vergessen ließ und wir in der Eile weder über die Wurfvariante noch über die günstigste Position nachgedacht haben. Menschlich verständlich? Sicher, die Abgeklärtheit, sich in der dargestellten Situation mit der nötigen Ruhe vorzubereiten, fehlt zuweilen auch den Erfahrenen.

Aber Vorbereitung ist nötig, denn erst wenn Wurf und Position im richtigen Verhältnis stehen und die Fliege geeignet ist, werden wir Erfolg haben. Deshalb sollte im Vordergrund zunächst einmal die Überlegung stehen, von wo man den ausgemachten Fisch oder den vermuteten Standplatz wie anwerfen will.

Forellen- und Döbelstreamer

Jede Situation ist anders, aber generell gilt: Wenn die Fische tiefer stehen und die Strömung stärker ist, kommen wir näher heran, weil wir für den Fisch nur verzerrt sichtbar sind und der Fisch hat keine Zeit, unser Angebot zu prüfen. Daraus folgt, dass man in der Wahl seiner Position freier ist, während z. B. bei mäßig bewegtem Wasser die seitliche Position aus kurzem Abstand in der Regel ausscheidet. Sich den Fisch als Mittelpunkt eines Kreises vorzustellen, ist hilfreich,

Der „Wurfkreis" mit einigen möglichen Wurfpositionen

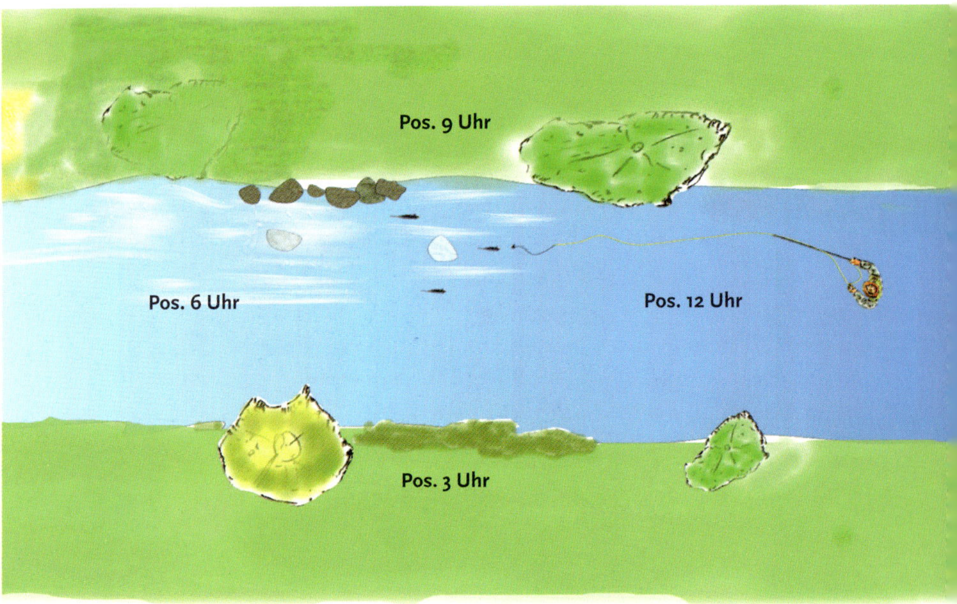

denn nun kann man unter Berücksichtigung der Gelände- und Strömungsbedingungen, der eigenen Wurffertigkeiten und des Sichtfensters des Fisches mögliche Wurfpositionen festlegen und schließlich die geeignete wählen. Auf Grund dieser gedanklichen Vorarbeit haben wir nun eine weitaus größere Chance, den ersten, oft entscheidenden Wurf ohne Fehlversuche ins Ziel zu bringen.

Bei der Beschreibung der folgenden Wurfmöglichkeiten gehe ich davon aus, dass der Überkopfwurf oder der Wurf im österreichischen Stil mit einfacher Zugunterstützung oder besser noch mit dem Doppelzug keine Probleme mehr bereitet und zum festen Repertoire gehört, denn alle anderen Würfe bauen darauf auf. Die Fliegenfischerterminologie ist leider nicht einheitlich und gleicht manchmal einer babylonischen Sprachverwirrung. Wenn passende deutsche Bezeichnungen existieren, verwende ich diese im Folgenden immer zusammen mit der entsprechenden englischsprachigen, aber manches lässt sich nicht sinnvoll übersetzen, zumal auch innerhalb der Fliegenfischersprache Englisch der gleiche Wurf unterschiedlich bezeichnet wird. Das sollte jedoch für die Ausführung der folgenden Würfe kein Hindernis sein.

Wenn wir uns nun den oben erwähnten Kreis als Uhr vorstellen und den Fisch in die Mitte des Zifferblattes platzieren, ergeben sich für den Fischer – die Stundentafel zugrundegelegt – 12 Positionen. Da diese im Rahmen des Buches nicht alle erörtert werden müssen, beschränke ich mich im Wesentlichen auf die 12-, die 3-, die 9- und die 6-Uhr-Position. Jeder Fliegenfischer wird fähig sein, den anderen Wurfpositionen entsprechend die für ihn sinnvolle Wurfvariante auszuwählen, zumal es eine 1:1-Zuordnung von Position und Wurfart nicht gibt, sondern nur sinnvolle und weniger sinnvolle Strategien, die im Einzelfall auch noch von den Gelände- und Gewässergegebenheiten und vom eigenen werferischen Können abhängen.

Gestoppte Würfe von

Fische stehen in mittlerer bis starker Strömung grundsätzlich mit dem Kopf gegen die Strömung.

Von vorne müssen wir natürlich einen weiten Wurf einkalkulieren, weil wir einen gewissen Abstand zum Fisch halten müssen. Oft lässt sich dieser Wurf aber aus der Deckung heraus realisieren, und wenn überhängende Büsche im Weg sind, kann man durchaus erwägen, den Fisch nicht direkt anzuwerfen, sondern die Schwimmschnur mit einer Nassfliege auf den Fisch zu treiben zu lassen. Dazu wirft man schräg stromab, und zwar soweit, dass die herumtreibende Leine die Fliege ins Sichtfenster des Fisches bringt.

TIPP

Lassen Sie sich angesichts eines großen Fisches nicht aus der Ruhe bringen.
Wählen Sie Ihre Wurfposition mit Bedacht und berücksichtigen dabei, dass Sie in der Lage sein müssen, aus der gewählten Position die Fliege unverdächtig zu servieren.
Sie sollten wurftechnisch fähig sein, letzteres ohne viele Fehlversuche zu realisieren.
Im Zweifel ist es immer noch Erfolg versprechender, die treibende Nassfliege zu versuchen.

TIPP

Parachutewürfe sind windanfällig und die richtige Wurfposition ist hier ganz besonders entscheidend.

Die Grundform des Fallschirmwurfs/ Parachute Cast

Mit der Trockenfliege geht das natürlich nicht.

Beim Wurf von vorn visieren wir einen Punkt vor dem Fisch etwa 1 Meter über der Wasseroberfläche an und planen den Aufsetzpunkt der Fliege entsprechend der Wassertiefe, in der der Fisch steht, weit genug vor unserem Zielobjekt. Wir überwerfen jedoch nicht, sondern behalten drei Meter vorher abgezogener Schnur in der linken Hand.

Während die Leine nach vorne ausrollt, führen wir die Rute in die 12-Uhr-Stellung zurück. Dabei wird die Schnur losgelassen. Sie gleitet nun durch die Ringe und gleichzeitig senken sich Leine und Fliege auf das Wasser. Ein Schnurbogen hängt von der Rutenspitze herunter. So hat man entsprechend der Rutenlänge zwei bis drei Meter Leerschnur, die man durch Senken der Rute zugeben kann.

Der Fallschirmwurf/Puddle Cast

Die Strömungsverhältnisse in vielen Flüssen sind nun oft nicht so gleichmäßig, dass man mit der Grundform des Parachute Cast's zurechtkäme. In vielen Mittelgebirgsflüsschen würden die zahlreichen Quer- und Schrägströmungen die Fliege auf dem Weg zum Fisch aus der Bahn bringen, weil das Vorfach relativ gestreckt liegt und so allen Strömungsangriffen ausgesetzt ist. Dem kann man entgehen, indem man

Puddle Cast in der Ausrollphase:

Puddle Cast in der Endphase:

den Zielpunkt des Wurfes drei Meter oder mehr über die Wasseroberfläche verlegt. Während die Schnur sich streckt, führt man jetzt die Rutenspitze schnell in die 9-Uhr-Stellung, sodass die Leine schräg nach oben ausrollt. Während die Leine herunterfällt, wird die Rute wieder nach oben in die 12-Uhr-Stellung geführt und gleichzeitig die Schnurreserve freigegeben. Dabei entsteht eine Mischung zwischen der Grundform des Fallschirmwurfs und einem Puddle Cast, denn die Leine fällt und das Vorfach segelt mit der Fliege hinterher. Beide, aber vor allem das Vorfach, liegen nun locker kurvig auf der Wasseroberfläche und können Strömungsunterschiede auf dem Weg zum Fisch ausgleichen, während man durch Senken der Rutenspitze Leine zugibt.

TIPP

Wenn Sie aus der gleichen Position zwischen mehreren Wurfvarianten wählen können, nehmen Sie die einfachste.

Würfe von der Seite

Die meisten Fliegenfischer werfen, wenn die Geländeverhältnisse es zulassen, ihre Fische von der Seite an, weil sie sich dort bei entsprechender Entfernung außerhalb des Sehfeldes ihrer Zielobjekte befinden und sie nicht mit dem Vorfach überwerfen müssen oder einfach deshalb, weil man das Gewässer nicht bewaten kann bzw. will. Dass Rechtshänder dabei die stromauf liegend rechte Seite vorziehen, ist kein Zufall, denn die im Folgenden gezeigten Würfe lassen sich rechts vom Körper einfacher realisieren.

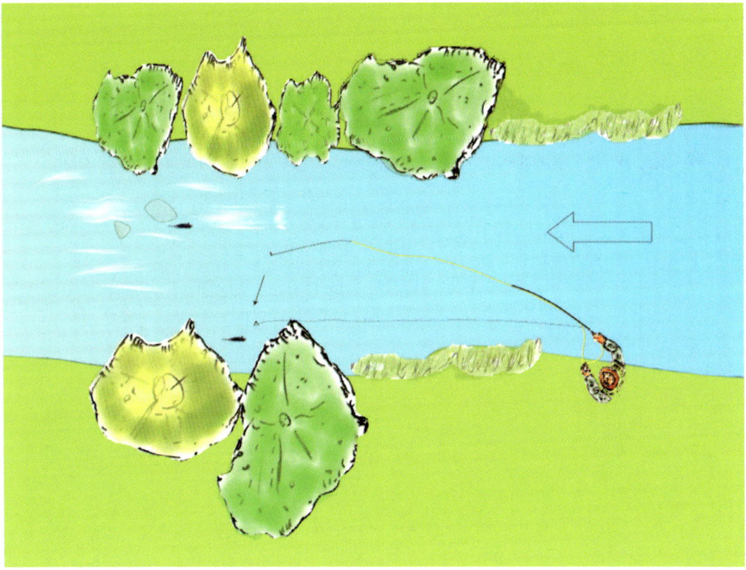

Die herum treibende Nassfliege für Fische unter dem Busch.

TIPP

Die oben beschriebene Mischform zwischen Parachute- und Puddle Cast funktioniert nur bei längerer Wurfweite, weil bei zu kurzer Leine die erst herunter und dann wieder hoch geführte Schnur zu weit zurückgezogen würde.

Der Reach Cast

Bei gleichmäßiger Strömung ermöglicht der Reach Cast, die Fliege so zu präsentieren, dass sie zuerst ins Sehfeld des Fisches treibt, und gleichzeitig eine Schnurreserve aufs Wasser zu legen, die den Strömungsdruck auf die Leine ausgleichen kann. Je näher man an den Fisch herankommt, desto günstiger ist der Winkel der Leine zum Fisch und zur Strömung. Man visiert den Zielpunkt an mit etwa 2 bis 3 Meter losem Schnurvorrat in der Hand. Während der Wurf ausrollt, führt man die Rutenspitze so weit wie möglich stromauf und gibt die Schurreserve frei. Die Leine legt sich schräg zur Strömung auf die Oberfläche. Wenn man jetzt mit der Rutenspitze auf die Fliege zeigt, liegt in Rutennähe ein kleiner Bogen stromauf, der etwas Strömungsdruck ausgleichen kann.

Der Schlangenwurf/Wiggle Cast

Bei ungleichen Strömungsverhältnissen stehen wir vor dem oben schon dargestellten Problem, die Strömungsunterschiede durch lose Leine bzw. Vorfach ausgleichen zu müssen.

Reach Cast im klaren Wasser

Dazu dient von der Seite der Schlangenwurf. Der eigentliche Zielpunkt muss dabei um einige Meter überworfen werden. Sofort beim Stopp am Ende des Vorschwungs wedelt man die Rutenspitze horizontal hin und her. Die Leine legt sich schlangenförmig auf die Wasseroberfläche und kann jetzt Strömungsunterschiede ausgleichen. Der Wurf an sich ist einfach, aber verschwiegen wird dabei gern, dass es durchaus nicht einfach ist, die „Schlange" so hinzubekommen, dass die Fliege weder zu kurz noch zu weit aufsetzt. Die Größe der Bewegungsausschläge der Rute nach rechts und links, ihre Frequenz und der Zeitpunkt des Wedelbeginns entscheiden über Größe, Zahl und Ort der Schlangenbögen und damit über die Länge, die zusätzlich über den Zielpunkt hinaus ausgespielt wird oder als Schnurreserve freigegeben werden muss. Schräg stromab ist der Wurf weniger problematisch, aber querüber bedarf es einer ausgiebigen Übung, wenn man die Fliege sicher dort aufsetzen will, wo sie hin soll. Wenn die Strömungsverhältnisse es zulassen, ist eine andere Variante beim Wurf genau querüber vorzuziehen. Für Rechtshänder ist an der rechten Seite stromauf ein Bogenwurf einfacher, wenn es nur eine ausgeprägte Mittel- oder Randströmung auszugleichen gilt.

TIPP

Der erste Wurf ist entscheidend, und ein einfacher Fallschirmwurf von vorn ist vielleicht nicht so elegant wie ein Hakenwurf von hinten, aber fängiger.

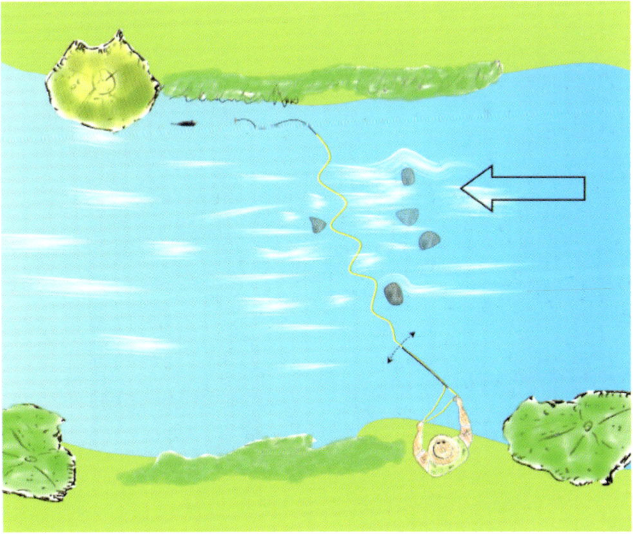

Schlangenwurf bei widrigen Strömungsverhältnissen.

TIPP

Setzen Sie Bogenwürfe so hoch an, dass das Vorfach in lockeren Kringeln auf die Wasseroberfläche sinken kann.

Der Bogenwurf/Airmend

Den Bogen nach rechts gegen die Strömung bekommt man, indem man beim Stopp der Rute die Rutenspitze einen Halbkreis stromauf beschreiben lässt, während man die Rute von 10 nach 11 Uhr auf sich zu zieht. Dieser Bogen pflanzt sich nach vorne fort und legt sich gegen die Strömung auf das Wasser. Wenn die Bewegung sehr schnell und unmittelbar beim Stopp ausgeführt wird, liegt der Bogen vorne in der Leine. Die langsamere Ausführung erzeugt einen Bogen über die ganze Schnurlänge und die späte schnelle Ausführung einen Bogen in Rutennähe. Die erste und letzte Variante sind dementsprechend zum Ausgleich ausgeprägter Randströmungen am andern bzw. am eigenen Ufer gedacht. Das Vorfach macht den Bogen in der Regel nicht mit – das wird gern verschwiegen – und wenn die halbkreisförmige Zugbewegung zu schnell und kraftvoll zur Leinenspitze durchläuft, legt das Vorfach, weil es der Bewegung nicht folgen kann, den Bogen genau anders herum, nämlich in die Strömung, womit man dann das Gegenteil von dem erreicht hat, was man wollte. Es empfiehlt sich, den Wurf höher als gewohnt in der Luft ausrollen zu lassen, damit das Vorfach sich in Klängen auf das Wasser senken kann.

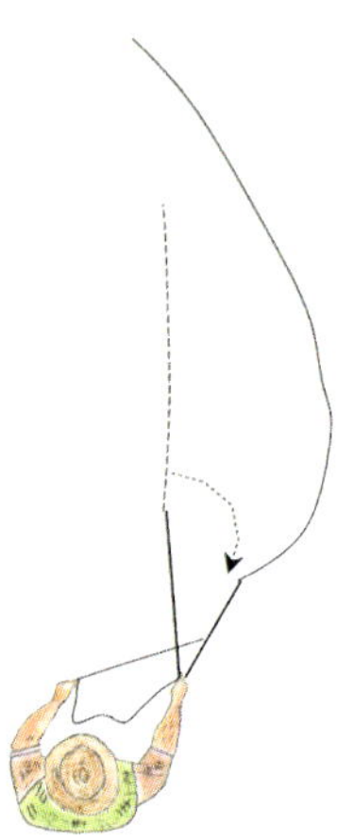

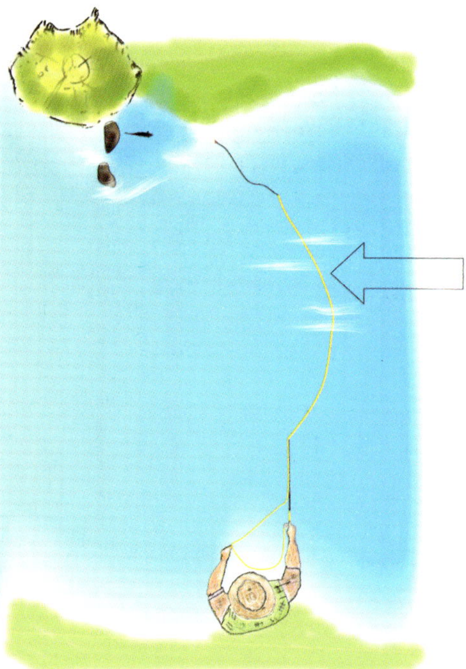

Der Bogenwurf, der Bewegungsablauf, siehe links, ergibt einen Bogen gegen die Strömung nach rechts.

Alter Stil

Als „Fliegenfischerfrischling" glaubte ich noch an das Diktat der vollkommen gestreckten Leine, immer wieder misslang mir der gerade Wurf. Der Wurf endete regelmäßig in einem Schnurbogen nach links und die Fliege lag meistens 1 Meter rechts neben dem Ziel. Fische fing ich trotzdem, indem ich eben links neben den Fisch zielte. Auf die Dauer aber war es meinem Fliegenfischerstolz nicht zuträglich, nach links zielen zu müssen, um rechts zu treffen. Also analysierte ich meinen Bewegungsablauf. Dabei stellte sich heraus, dass ich, sobald die Wurfhand beim Vorschwung in mein Gesichtsfeld kam, den Ellenbogen nach innen zum Körper drehte und die Hand um fast 90° nach innen abkippte. So entstand unabsichtlich jener Wurf, der mir auf einem Flyfishermeeting von Günter Feuerstein als eine Möglichkeit des Bogenwurfes demonstriert wurde. „Alter Stil" heißt die Variante, weil sie von einem Fliegenfischer namens Hermann Alter erfunden wurde. Ich bin überzeugt davon, dass neben mir noch etliche Fliegenfischer den Wurf unabsichtlich nacherfunden haben, was aber seiner Effektivität nicht schadet, wenn man ihn bewusst anwendet. Für Rechtshänder ist es oft einfacher, mit dem Alter Stil einen Bogen nach links zu legen, indem sie beim Rückwurf mit fast senkrecht gehaltener Rute die Leine zurückholen und während des Vorschwungs die Rute mit Ellenbogen und Handgelenk zum Körper abkippen. Das Wurfprinzip lässt sich natürlich auch andersherum anwenden. Dabei kippt man Handgelenk und Ellenbogen vom Körper weg und es entsteht ein Bogen nach rechts.

TIPP

Die Schnurmenge, die beim Bogenwurf zusätzlich abgezogen werden muss, lässt sich annähernd so berechnen: Durchmesser des Bogens 1,50 m, 1,50 mal 3 = 4,50 m / 2 = 2,25 m – 1,50 m = 0,75 m.

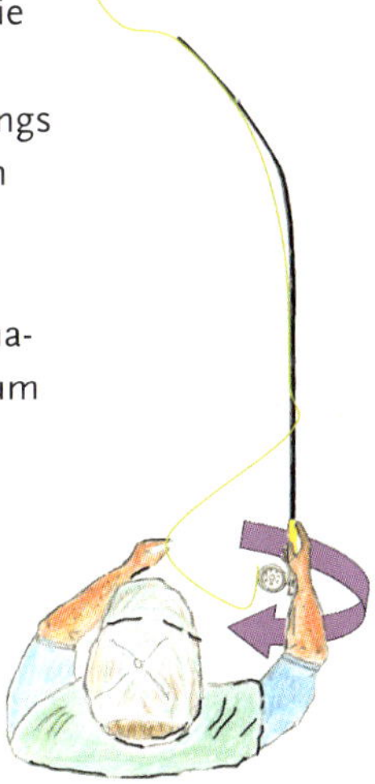

„Alter Stil": Durch Abkippen des Handgelenks nach links unten erreicht man einen Bogen nach links.

TIPP

Parachute Casts sind für gerade Stromabwürfe gut geeignet. Verwenden Sie für Würfe querüber und für Würfe schräg stromab und stromauf Bogenwürfe und Würfe im Alter Stil.

Würfe von hinten

Die meisten Fliegenfischer bewegen sich stromauf am Ufer entlang, weil sie sich so den Fischen von hinten nähern und nicht so leicht gesehen werden. Man sollte diese Fortbewegungsrichtung grundsätzlich wählen und sich nur abschnittsweise den Fischen von vorn nähern, z.B. dort wo keine andere Möglichkeit besteht oder die Deckung und die Entfernung ausreichen. Von hinten kommt man sehr nahe an die Fische heran, und das Verhalten eines sichtbaren Fisches kann man viel leichter einschätzen und beobachten.

Dementsprechend erfolgt oft auch der Wurf aus dieser Position. Dabei hat man sowohl vom Ufer aus als auch watend verschiedene Möglichkeiten, die Fliege zu platzieren.

Der gerade Wurf

Wenn man im Fluss genau hinter dem Fisch steht, kann man ihn mit einem geraden Wurf überwerfen. Dies ist sicher die einfachste Möglichkeit und wo es funktioniert, sollte man sich das Fischen nicht unnötig schwer machen. Der Grundwurf reicht aus, wenn die Fische nicht besonders vorfachscheu sind und nicht zu tief stehen. Äschen z. B. stehen in Grundnähe und die Fliege sollte mindestens die eineinhalbfache Wassertiefe vor dem Steigring aufsetzen.

Das ist notwendig, weil Äschen beim Steigen auf dem Weg nach oben oft mit der Strömung abtreiben und der an der Oberfläche sichtbare Steigring nicht mit ihrem Standplatz identisch ist. Man muss diesen Standplatz – zu dem die Äsche nach dem Steigen zurückkehrt – also gedanklich nach vorn verlegen. Deshalb ist auch die weite Vorlage nötig, damit die Fliege rechtzeitig im Sehfeld des Fisches auftaucht. Die Vorlage kann man aber nicht nach Belieben verlängern, vor allem bei Sonnenschein nicht. Wer einmal gesehen hat, welchen Schattenbalken eine Schwimmleine auf dem Gewässergrund erzeugt, wird leicht verstehen, warum man Fische nicht mit der Leine nach vorne überwerfen soll. Als Vorlage kommt also maximal die Länge des dünnen Vorfaches in Frage. Wenn die Fische vorfachscheu sind oder zu tief stehen, ist mithin eine Wurfvariante erforderlich, bei der nicht direkt überworfen wird.

Würfe „um die Ecke"

Der schon bekannte Alter Stil ist eine Möglichkeit, die Leine so abzulegen, dass der Fisch nicht überworfen wird. Wenn man das Handgelenk spät und schnell nach innen abkippt, entsteht ein fast rechtwinklig nach rechts liegendes Vorfach oder sogar ein Bogen nach vorn, der gewährleistet, dass die Fliege zuerst im Sehfeld des Fisches ankommt. Auf diese Weise lässt sich auch sehr gut die Fliege in einer Strömungstasche vor einem großen Stein platzieren. Eine andere Möglichkeit ist der Hakenwurf, auch als Curve Cast bezeichnet. Dabei wird die Rute fast waagerecht in einem schnellen Seitwärtswurf geführt. Rutenspitze und Leine beschreiben eine Halbkreisbahn. Die Rute wird abrupt gestoppt, und der vordere Teil der Leine bildet in der Luft beim Stopp einen Haken nach links. Allerdings macht beim Fischen mit der Trockenfliege das Vorfach diese Bewegung nicht mit und formt im schlechtesten Fall seinerseits nun einen Haken nach rechts. Gegensteuern kann man diesem unerwünschten Effekt, indem man unmittelbar nach dem Stopp mit einem kurzen Rückwärtsschwipp die Leine zurückstoppt. Mit der beschwerten Nymphe lässt sich diese Wurfvariante deutlich besser und ohne Rückstopp ausführen, denn diese folgt der Bewegung der Leinenspitze. Mit dem Hakenwurf kann man um vorn liegende Hindernisse herumwerfen, aber er ist mit der Trockenfliege schwierig, und wenn das Hindernis mit einem Bogenwurf oder dem Alter Stil umworfen werden kann, sollte man diese Möglichkeiten vorziehen.

Bewegungsablauf und Anwendungsmöglichkeit des Hakenwurfes.

TIPP

Schlangenwürfe sollten Sie bei ungleichen Strömungsverhältnissen anwenden. Der Pile Cast ist für das Befischen von Strömungtaschen gedacht, bei größeren Entfernungen der Puddle Cast.

Pile Cast

Einige Meter vor uns liegt ein großer Stein im Wasser, vor dem sich eine Strömungstasche befindet. Wir könnten mit einem der eben erwähnten Würfe um den Stein herumwerfen. Doch die Strömung schießt beidseitig so scharf an den Seiten des Steines vorbei, dass unsere Fliege auf dem Wasser aufsetzend schon fortgerissen wird, denn die Leine liegt genau in der Strömung. Wenn der Stein auf der Oberfläche keine scharfen Kanten aufweist, können wir die Sache vereinfachen, in dem wir einfach über dem Stein servieren. Aber darin liegt natürlich ein Risiko, weil ein anbeißender Fisch bei der Flucht das Vorfach womöglich quer über den Stein hin und her zieht. Wir benötigen also einen Wurf, bei dem die Fliege zumindest einige Sekunden in der Strömungstasche liegen bleibt. Das ist der Pile Cast: Unser Ziel visieren wir rechts oder links am Stein vorbei mit einem hoch angesetzten, etwas schräg nach oben gerichteten Wurf an. Die Leine sollte dazu stark beschleunigt werden. Bei 11 Uhr setzen wir mit hoch gerecktem Arm einen harten Stopp. Dadurch schlägt der erste Meter der Leine nach unten durch. Die Trockenfliege kann dieser Bewegung nicht folgen und bremst das Vorfach ab, so dass es mit der Fliege senkrecht nach unten trudelt. Dort legt es sich in lockeren Kurven in die Strömungstasche. Während Vorfach und der erste Meter der Leine auf die Wasseroberfläche sinken, führen wir mit hoch gehaltener Rute den Rest der Schnurlänge so nach unten, dass er möglichst spät in der Strömung landet. Bevor nun die reißende Strömung Leine und Vorfach strecken und die Fliege aus der Tasche zerren kann, vergehen einige Sekunden, die zum Anbiss ausreichen sollten.

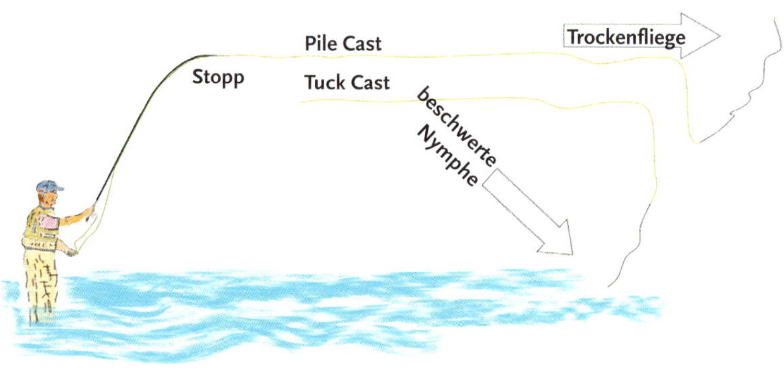

Die Unterschiede zwischen Pile Cast und Tuck Cast (siehe S. 51).

Hinderniswürfe

Fische lieben die Deckung am und unter dem Uferbewuchs. Das wiederum mögen Fliegenfischer aus verständlichen Gründen überhaupt nicht, denn mit der Zahl der Deckungsmöglichkeiten für Fische steigt gleichermaßen die Chance, die Fliege in irgendeinem Busch zu verheddern.

Rollwurf/Roll Cast

Wenn gar kein Raum für den Rückschwung vorhanden ist, bleibt nur die Möglichkeit, genügend Leine von der Rolle zu ziehen, sie von der Strömung strecken zu lassen und dann einen Rollwurf zu machen. Dazu führt man die Rute von der 9-Uhr- in die 1-Uhr-Position, so dass die Leine über die Wasseroberfläche gleitet. Wenn sich hinter der Rute ein herabhängender Schnurbogen gebildet hat, beschleunigt man die Rute in einem normalen Vorwärtswurf und achtet darauf, dass man bei 11 Uhr stoppt und nicht nach unten durchschlägt. Jetzt sollte die Leine nach vorne ausrollen. In einer Ausgabe der Zeitschrift „Fliegenfischen“ wurde von Hans Otto Begli eine abgewandelte Version beschrieben, bei der man die Rute in der Waagerechten zurückführt. Auf diese Weise erreicht man, dass hinter der Rute nicht so viel lose Schnur herunterhängt. Die Beschleunigungsphase für den Vorschwung beginnt, wenn die Rute hinten ist. Weil mehr Leine auf der Wasseroberfläche haftet, ist die Aufladung der Rute stärker und man kann durch zusätzliche Zugunterstützung weitere Würfe erreichen.

Der Bewegungsablauf beim Rollwurf.

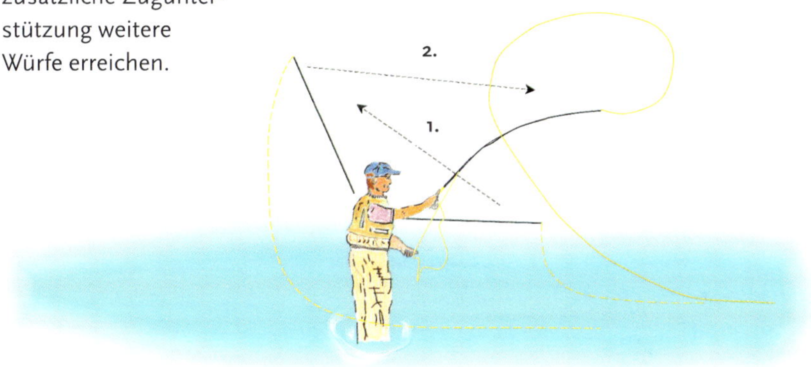

Stepple Cast

Manchmal behindert der Uferbewuchs zwar den Rückwurf, aber der Bewuchs befindet sich immerhin so weit vom Ufer weg, dass er überworfen werden kann oder ein schräg nach hinten oben verlaufender Rückschwung die Fliege weit genug von ihm fernhält. Das ist dann die passende Situation für den Stepple Cast. Wir heben die Schnur in einer schnellen Bewegung nach hinten oben aus dem Wasser, indem wir die Rute aus der 9-Uhr-Stellung in die 12-Uhr-Stellung bewegen und dabei die Leine durch einen schnellen Zug beschleunigen. Jetzt fliegt die Schnur steil ansteigend nach hinten oben. Bevor sie hinter der Rute wieder herunterfällt und womöglich doch noch in das Hindernis gerät, ändern wir die Bewegungsrichtung in einen waagerecht nach vorne gerichteten Vorschwung und platzieren die Fliege wie gewünscht. Wenn wir allerdings einen Augenblick zu lange mit dem Vorschwung warten, schütteln wir den hinter uns befindlichen Busch und deshalb sollten wir den Rückschwung durch eine Kopfdrehung mit den Augen verfolgen.

Der Bewegungsablauf des Stepple Cast.

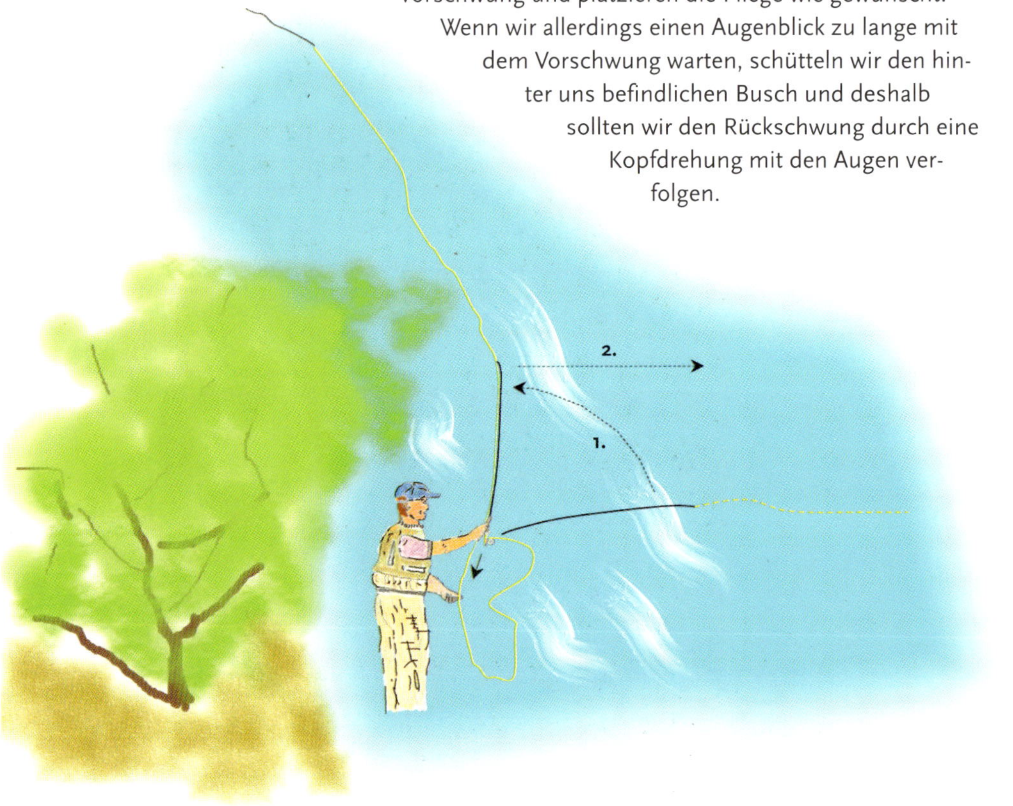

Der Unterhandwurf/Underhandcast

Die schönsten Forellen stehen manchmal in der Deckung eines über der Wasseroberfläche hängenden Baumes oder Strauchs und ich kann mir keinen Fliegenfischer vorstellen, der an einem regelmäßig unter dem Geäst steigenden Fisch vorübergehen könnte, ohne versucht zu haben, denselben zu bekommen. Wenn zwischen Buschwerk und der Wasseroberfläche 1 m oder mehr Platz ist, kommen der Hakenwurf von der Seite oder von schräg hinten in Frage oder eben eine Form des Underhand Casts. So nennt man die Wurfvarianten, bei denen sich die Leine unter der Rutenspitze vor- oder zurückbewegt. Wenn der Raum hinter uns frei ist, können wir den Rückwurf wie gewohnt ausführen, aber beim Vorschwung lassen wir die Leine unter der Rutenspitze durchschwingen. Dazu müssen wir die Schnur hinten etwas tiefer fallen lassen als gewohnt und anschließend beim Vorschwung ähnlich wie beim Alter Stil Handgelenk und Ellenbogen etwas zum Körper eindrehen. Die Rutenspitze sollte dabei von hinten nach vorn einen Bogen zeichnen und vorne beim Stopp leicht ansteigen. Der Wurf ähnelt einer Pendelbewegung nach vorn, und Fliege und Vorfach werden unter das Hindernis geschlenzt. Wenn hinter uns ebenfalls Hindernisse unterworfen werden müssen, bietet sich die manchmal als Pendulum Cast bezeichnete Version an. Dabei wird die Rutenspitze beim Vor- und Rückschwung in der Form einer Acht bewegt und die Leine pendelt unter der Rutenspitze vor und zurück.

Der Unterhandwurf: Im Rückschwung die Leine nach unten fallen lassen, um sie beim Vorschwung unter die Büsche schlenzen zu können.

Der Rückhandwurf/Backhand Cast/ Rückwärts ablegen

Der Rückhandwurf ist oft erforderlich, wenn auf der Wurfseite Hindernisse den Rück- und Vorschwung unmöglich machen. Die Rute wird dabei über der linken Schulter geführt. Da der Bewegungsweg dabei kürzer ist, kann man nicht so große Weiten erzielen. Durch Zugunterstützung kann man dieses Manko etwas ausgleichen. Viele Fliegenfischer ziehen es in solchen Situationen jedoch vor, einfach auf der gewohnten Wurfseite mit dem Rücken zum Ziel zu werfen und die Fliege am Ende des Rückschwungs abzulegen. Beide Möglichkeiten setzen jedoch ein paar Übungswürfe voraus, wenn man den Wurf sicher platzieren will.

Werfen mit Nymphe und Streamer

Beschwerte Nymphen und Streamer haben die unangenehme Besonderheit, beim Wurf so viel Eigenleben zu entwickeln, dass sie von der durch Rute und Leine vorgegebenen Bewegungsgeschwindigkeit und -bahn erheblich abweichen.

Der Rückhandwurf wird links vom Körper ausgeführt.

Die Masseträgheit bewirkt, dass diese Köder der Bewegung der Leine hinterhertrudeln und nach dem Stopp beim Rück- und Vorschwung deutlich fühlbar in die Leine „hacken". Diesen Effekt kann man etwas mildern, indem man einen großen offenen Schnurbogen wirft oder durch Zugunterstützung die Leine so extrem beschleunigt, dass dadurch die schweren Köder sozusagen nach hinten und vorn „abgeschossen" werden.
Wenn man die langsamere Wurfweise vorzieht, sollte man mit dem Vorschwung warten, bis man in der nach hinten gestreckten Leine ein deutliches Hacken der Nymphe fühlt. Nur so lässt sich vermeiden, dass die Nymphe beim Stopp des Vorschwungs irgendwo landet, wo sie nicht hin soll. Darüber hinaus ist, wenn die Nymphe mit dem Vorfach ausrollen soll, ein weicher Stopp erforderlich, damit sie nicht nach unten durchschlägt. Aber dieses Nach-unten-Durchschlagen ist oft beabsichtigt, weil sie dadurch vor der Leine auf dem Wasser landet und so Zeit zum Sinken bekommt. Da die Strömung an der Oberfläche weit stärker ist als in Grundnähe, zerrt die auf der Oberfläche treibende Schwimmschnur die Nymphe nach oben oder lässt sie erst gar nicht absinken. Wenn die Nymphe nun Zeit zum Abtauchen hat, bevor die Leine auf der Oberfläche landet, treibt sie in größerer Tiefe.

TIPP

Wenn das Geäst bis auf die Wasseroberfläche reicht, sollten Sie die herumtreibende Nassfliege mit einem Wurf von vorn versuchen oder eine schwere Nymphe, die das Vorfach unter Wasser zieht, schräg von hinten platzieren.

Der Tuck Cast

Um die Nymphe nach unten durchschlagen zu lassen, können wir den Tuck Cast werfen. Der Bewegungsablauf ist der gleiche wie beim Pile Cast. Der wesentliche Unterschied liegt in der Wirkung. Während beim Pile Cast die Trockenfliege das Vorfach bremst, unterstützt die beschwerte Nymphe das Umklappen der Leine nach unten. Die Nymphe kommt deshalb zuerst auf dem Wasser an und hat Zeit auf Tauchstation zu gehen, während wir mit hoch gehaltener Rute das Auftreffen der Leine auf der Oberfläche hinauszögern. Vorschwung und Stopp beim Tuck Cast erfordern eine möglichst senkrecht gehaltene Rute, die nicht seitlich abkippen sollte, weil die Nymphe sonst nicht senkrecht nach unten zum Wasser, sondern nach unten links durchschlägt und womöglich an der falschen Stelle eintaucht.

TIPP

Befinden sich Hindernisse 30 cm über der Wasseroberfläche, verspricht ein Bogenwurf von der Seite Erfolg, wenn die Driftphase vom Beginn des Hindernisses bis zum Fisch nicht zu lang ist; bei längerer Driftphase kann auch ein vor dem Geäst zu Wasser gebrachter Puddle Cast der richtige Wurf sein.

Beim Tuck Cast bringt ein plötzlicher Stopp bei hochgehaltener Rute die Nymphe zuerst ins Wasser.

TIPP

Mit Hakenwürfen und Underhand Casts lässt sich die Fliege unter Bäume platzieren. Verwenden Sie den Reach Cast nur bei gleichmäßiger Strömung. Achten Sie generell darauf, immer genug Leine lose auf dem Wasser zu haben; der gerade Wurf ist nur für einen Wurf genau stromauf geeignet.

Der Hakenwurf mit Nymphe

Das gleiche Prinzip können wir beim Hakenwurf anwenden. Im Unterschied zur oben erläuterten Version mit der Trockenfliege brauchen wir den Wurf nach der Ausbildung des Hakens nun nicht zurückzustoppen, weil bei einem schnellen Wurf und deutlichen Stopp die beschwerte Nymphe mit dem Vorfach eher zu weit herumschlägt.

Also ist hier ein gefühlvoller Stopp angebracht und das Nymphengewicht spielt dabei natürlich eine große Rolle.

Wenn der erste Wurf richtig „sitzen" soll, sind an anderer Stelle meistens ein paar Probewürfe sinnvoll, um dem Gewicht der Nymphe entsprechend den richtigen Wurf zu erfühlen. Das gilt gleichermaßen für den Tuck Cast.

Das Werfen des Streamers

Auch beim Werfen mit dem Streamer muss man den Wurf erfühlen, denn bei beschwerten und füllig gebundenen Streamern hebt der Luftwiderstand die im schweren Streamer gespeicherte Wurfenergie teilweise auf, sodass derselbe beim Wurf ganz anders fliegt, als wir das vorher annahmen. Der buschige, nicht beschwerte Streamer bremst sogar und verhält sich gegenteilig der beschwerten Nymphe. Und wenn er nass ist, dann fliegt er wieder anders. Deshalb gibt es auch keine generellen Rezepte zum Wurf von Streamern und man tut gut daran, sich vor dem Einsatz auf ausgemachte Fische durch ein paar Leerwürfe im trockenen und im nassen Zustand einen Eindruck vom Flugverhalten des Streamers zu machen. Anschließend kann man anhand der jeweiligen Eigenschaften dann zutreffender entscheiden, ob ein langsamer Wurf mit großen Bögen oder ein scharfer Rückschwung mit einem anschließenden „Schuss“ angebracht ist.

Die je nach Position sinnvolle Wurftechnik.

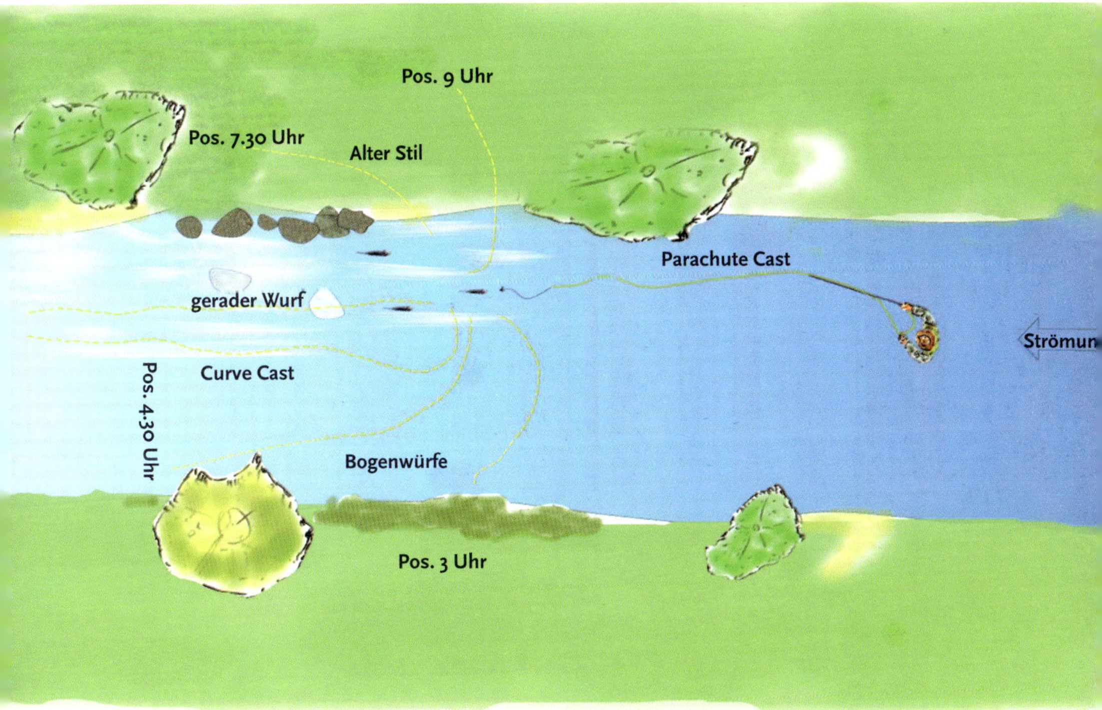

Die Leine auf und über dem Wasser

Damit die Flugleine keine unerwünschten Driften des Köders auslöst, platzieren wir sie der Situation entsprechend mit einem der erörterten Würfe. Und dann harren wir der Dinge, die da kommen werden? Nein, unsere Einflussmöglichkeiten sind noch nicht beendet.

TIPP

Bringen Sie schon beim Wurf genug lose Leine auf das Wasser, dann kann die Fliege länger natürlich abtreiben und das möglicherweise nötige Menden geht einfacher. Denken Sie immer daran : An einer gerade auf dem Wasser liegenden Leine reißen Sie bei jeder Bewegung die Fliege aus der Bahn.

Menden

Denn auch die auf dem Wasser liegende Leine kann noch bewegt werden, und zwar durch gezieltes Menden. Vor allem beim Wurf von der Seite und beim Wurf von vorne schräg stromab drückt die Strömung in die Leine und beschleunigt in meistens unerwünschter Weise die Drift der Fliege. Klugerweise haben wir mit einem der oben erörterten Würfe einen Bogen gegen die Strömung gelegt, aber bald ist die Leine gerade. Jetzt müssen wir rechtzeitig vorher durch gezieltes Menden gegen die Strömung erneut einen Bogen legen, und zwar indem wir Leerschnur abziehen und mit tief gehaltener Rutenspitze einen Bogen von links nach rechts beschreiben. Dabei wird die Leine teilweise aus dem Wasser gehoben und legt sich mit der aus den Ringen gleitenden Leerschnur als Bogen nach rechts ab. Aber wir müssen darauf achten, dass die Leerschnur erst losgelassen werden darf, wenn die Leine sich aus dem Wasser löst. Anschließend führen wir die Rute wieder in die Ausgangsstellung. Wichtig ist, dass der Bogen in der stärksten Strömung liegt. Das ist gar nicht so einfach hinzubekommen, ohne die Fliege von ihrem Platz zu reißen. Mit langen Ruten und großer Schnurmenge auf dem Wasser geht's einfacher.

Vor allem beim Fischen mit der natürlich abtreibenden Nymphe in Grundnähe muss man häufig menden. Denn im Gegensatz zur Trockenfliege befischen wir einen dreidimensionalen Raum und die Nymphe würde nicht nur seitlich aus der Bahn geraten, sondern auch aufsteigen. Am besten veranschaulichen wir uns den Zusammenhang zwischen Wurfposition, Wurf und Schnurführung auf dem Wasser am Beispiel: An der linken Flussseite befindet sich eine 1,5 m tiefe Rinne, ca. 20 m lang. Gelegentlich sieht man dort eine Fischflanke aufblitzen, woran wir sehen, dass die Fische nymphen. Die Rinne endet flussab in einem tiefen Kolk vor einem natürlichen Wehr aus großen Steinen. Durch diesen strömt das Wasser flussab gesehen nach links, wo es dann durch eine Engstelle schießt. Wir wollen möglichst die ganze Rinne, den Kolk und auch unsere Uferseite mit einem Wurf ausfischen. An unserer Uferseite ist dichtes, zum Teil überhängendes Buschwerk und wir können nicht weit in den Fluss hinein, weil die Strömung zu stark ist und zur Rinne hin der Grund abfällt. Die einzig sinnvolle Wurfposition ist also gegenüber dem hinteren Drittel der Rinne möglichst weit in den Fluss hinein, um genügend Rückraum für einen langen Wurf zu gewinnen. Dabei müssen wir entsprechend unserer werferischen Möglichkeiten die Position so wählen, das wir bequem vor den Anfang der Rinne platzieren können, denn die Nymphe braucht Zeit zum Absinken. Ein guter Werfer wird sich gegenüber dem letzten Drittel der Rinne postieren können, mit leichtem Gerät oder schwierig zu werfenden Nymphen müssen wir weiter nach vorn. Mit einem schräg nach vorne gerichteten, hoch angesetzten Bogenwurf bringen wir nun

Menden gegen die Strömung

So fischt man eine Rinne mit der Nymphe ab.

die Nymphe 2 m vor dem Rinneneinlauf zu Wasser. Wenn der Wurf hoch genug ausläuft, sollte die beschwerte Nymphe die heruntersinkende Leine auf dem Weg zum Wasser überholen und zuerst eintauchen. Um den Kontakt zur auf uns zu treibenden Nymphe nicht zu verlieren, strippen wir Schnur ein. Je nach Fließgeschwindigkeit menden wir mehrmals stromauf, bevor die Strömung auf die Leine drücken kann. Wenn die Nymphe nun auf unserer Höhe vorbeigetrieben ist, bewegt sie sich der Leinenspitze voran flussabwärts, was bedeutet, dass wir den Biss nicht mehr sofort erkennen könnten, um das zu vermeiden legen wir mit einem kurzen Schwipp der Rutenspitze am Leinenende einen Bogen in die Strömung und sofort danach menden wir den Rest der Leine gegen die Strömung. So wie die Schnur von uns wegtreibt, füttern wir den vorher eingestrippten Teil durch flussaufwärts gerichtete kurze Mendings nach. Wir lassen die Nymphe in den Kolk hineintreiben. Am Ende des Kolkes menden wir die Leine nun sehr schnell in die Strömung, womit wir ein plötzliches Aufsteigen der Nymphe erreichen. Wenn bis jetzt kein Biss erfolgt ist, strippen wir an unserer Uferseite die Nymphe unter den überhängenden Büschen zu uns heran und machen noch einige Versuche in der beschriebenen Weise.

Das Aufnehmen der Leine

Weit vor uns steigen Fische. Näher heran kommen wir nicht. Die Fliege liegt gut und treibt an dem gerade noch gestiegenen Fisch vorbei, ohne dass dieser sie eines Blickes würdigt. Dann muss er sie eben noch mal vor die Nase gesetzt bekommen, und kaum dass die Fliege einen halben Meter an seinem Standplatz vorbei ist, reißen wir die Leine zu einem erneuten Rück- und Vorschwung aus dem Wasser. Vom Vorfach sprüht ein Wassernebel in alle Richtungen und die in ganzer Länge an der Wasseroberfläche haftende Leine verursacht eine Unruhe, die sämtliche Fische in der Tiefe verschwinden lässt. In dem Bedürfnis, keine Gelegenheit zu verpassen und dem Fisch da vorne möglichst schnell die Fliege erneut zu präsentieren, schießen wir zuweilen über das Ziel hinaus. Sinnvoller ist es, die Leine erst dann wieder aufzunehmen, wenn sie aus dem Umfeld unseres Zielobjektes weit genug entfernt ist. Das sind in der Regel etwa 2m. Bei den ersten Versuchen sollten wir die Fliege durchaus bis vor die Füße zurücktreiben lassen. So kann man manche Überraschung erleben. Es ist nicht so selten, dass man 1m vor den Füßen einen Fisch fängt, den man vorher gar nicht wahrgenommen hatte und der jetzt auf die Fliege beißt, die man gerade bewegt hat, weil man die Leine aufnehmen möchte.
Zum Aufnehmen der Leine bieten sich zunächst drei Möglichkeiten: Wenn wir von weiter vorne die Schnur direkt in die Luft bringen möchten, führen wir die Rute ein wenig hoch und schlagen mit der Rutenspitze einen seitwärts nach unten gerichteten Halbkreis in die Leine, auch als C-Pickup bezeichnet. Dieser pflanzt sich nach vorne fort und löst die Schnur teilweise von der Wasseroberfläche. Wenn die Rolle vorn angekommen ist, können wir den Rückschwung einleiten. Bei der zweiten Möglichkeit lassen wir die Schwimmleine auf uns zu treiben und heben die Rute zum Rollwurf, während wir Leine einstrippen. Mit einem Rollwurf nehmen wir dann die Schnur auf, aber lassen ihn nicht bis auf das Wasser ausrollen, sondern ziehen den sich nach vorn entfaltenden Wurf in einen normalen Rückschwung. Beim anschließenden Vorschwung können wir die aufgenommene Leine schießen lassen. Die dritte Möglichkeit, mit der wir auch die längste Stre-

TIPP

Bei gleichmäßiger, langsamer Strömung sollten Sie die Leine erst von der Wasseroberfläche abheben, wenn sie sich hinter Ihnen befindet.

„Bunny" aus Kaninchenfell.

TIPP

Vergegenwärtigen Sie sich die Bedingungen des Gewässertyps, bevor Sie mit dem Fischen beginnen. Sie werden dann mehr Erfolg haben, als wenn Sie ein eingeschliffenes Programm abspulen.

cke abfischen geht so: Wir lassen die Leine, während wir Schnur aufnehmen, an uns vorbeitreiben. Wenn sie uns passiert, füttern wir Schnur nach, bis sie gestreckt hinter uns auf dem Wasser liegt. Jetzt können wir die Haftung der Schnur an der Oberfläche benutzen, um die Rute aufzuladen, indem wir mit Zugunterstützung in einem einzigen Schwung die hinter uns liegende Leine in der ganzen Länge ablösen und nach vorne ablegen.

Mit einem C-Pickup können wir die Leine aus dem Wasser lösen und den Rückschwung einleiten.

Wider die vielen Leerwürfe oder der Sinn der Übung

An manchen Gewässern kann man an den stark frequentierten Stellen ein unausgesetztes Gewedel beobachten. Bei jedem Vorschwung wird ein halber Meter Leine von der Rolle gezogen und die Schnur ist den Fischen 10 Mal über den Köpfen hin und her gesaust, bis die abgezogenen 12 m auf dem Wasser sind. Aber Je weniger die Fische von unserer Anwesenheit mitbekommen, um so besser ist es. Die erforderliche Leinenlänge sollte man zumindest annähernd vorher von der Rolle ziehen und in Klängen in der Zughand speichern. Dann kann man sowohl beim Vor- als auch beim Rückschwung Leine schießen lassen und man hat mit drei Leerwürfen die erforderliche Schnurlänge vor der Rutenspitze. Beim Schnuraufnehmen kommt man in der Regel mit einem Rückwurf zu Rande, wenn man die Oberflächenhaftung der Leine mit Hilfe eines Zuges zum Aufladen der Rute benutzt. Im englischsprachigen Raum bezeichnet man das als Pick-up-and-lay-down-Cast, der sich gut mit dem oben erwähnten C-Pickup kombinieren lässt. Im Interesse des Fangerfolgs ist eine Selbsterziehung zur sparsamen Verwendung von Leerwürfen angebracht, denn wir machen die Fische durch weniger Gewedel weniger scheu, und nur die auf dem Wasser befindlichen Fliegen fangen Fische. In diesem Zusammenhang ist auch die oft diskutierte Frage nach der Wurfweite zu sehen. Mit den modernen schnellen Ruten hat vor Jahren die Weitenjägerei begonnen. Dass man die meisten Fische in einer Entfernung zwischen 5 und 15 m fängt, wagten nur wenige zu erwähnen. Glücklicherweise sieht man die Dinge heute pragmatischer.

Dennoch ist es hilfreich, mit der 5er-Rute 18 bis 20 m werfen zu können. Das ist an den Leistungen der Wurfexperten gemessen nicht weit, aber weit genug, und zwar aus folgendem Grund: Wer mit Mühe und Not 15 m erreicht, wird auch seine Fische fangen, aber auf den letzten 2 m wird er die Fliege nicht mehr sauber platzieren können. Wer 18 m erreicht, kann auf 15 m noch gezielt servieren usw. Es macht also durchaus Sinn, sich z. B. auf der Wiese Meter für Meter an größere Wurfweiten heranzutasten, natürlich ohne die realistische Fangentfernung aus den Augen zu verlieren. Ein 12 m-Wurf auf den Punkt macht mehr Sinn als ein 22 m-Schuss in die Botanik. Aber üben muss man. Am besten zuerst auf der Wiese und dann am Wasser. Die oben beschriebenen Würfe gelingen vielleicht einigen Bewegungswundern auf Anhieb, aber die restlichen 98 % der Fliegenfischer müssen sie halt üben, und das sollte man keinesfalls an dem Fisch beginnen, den man in den nächsten Minuten fangen möchte, sondern bevor man ans Wasser geht. Wenn

TIPP

Sie sollten Ihre Würfe auf der Wiese nach dem Prinzip der schrittweisen Annäherung üben, d. h. dass Sie den nächsten Meter erst von der Rolle ziehen, wenn Sie die derzeitige Länge wirklich beherrschen.

TIPP

Waten im reißenden Hochgebirgsbach ist gefährlich und bei einem Sturz können Sie mit einer längeren „Dead Drift" rechnen. In der Regel kommen Sie hier auch vom Ufer aus ziemlich nahe an die Fische heran.

von 10 Bogenwürfen 2 gelingen, ist das zu wenig, 8 sollten es schon sein, sonst verscheucht man nur die Fische. Sicherlich ist es hilfreich, einen Wurfkurs für Fortgeschrittene zu belegen, aber grundsätzlich ist auch Selbstunterricht möglich, unter der Voraussetzung, dass man nicht ins Blaue hinein übt. Man sollte systematisch üben und seine Würfe anhand von Bewegungsmustern oder Übungsreihen in der entsprechenden Literatur kontrollieren. Noch besser ist, man übt zu zweit, denn ein Außenstehender sieht Wurffehler klarer als man selbst. Das Fliegenfischen wird zuweilen von Modeerscheinungen beeinflusst, die in erstaunlicher Zweckarmut eine Reihe von Fischern dazu bringen, Dinge zu üben, die sie in der fischereilichen Praxis nicht brauchen und mit denen sie sich überfordern. Neben der Weitwurfhysterie fällt mir der aus eben den Gründen nicht erläuterte Switch Cast ein, ein äußerst eleganter Wurf, der große Erfahrung und Übung voraussetzt und selten erforderlich ist. Seit seiner ersten Demonstration stehen etliche Fliegenfischer im Wasser und versuchen selbst dort zu switchen, wo ein normaler Rückschwung möglich ist. Das kann natürlich Spaß machen und die Freude über einen gut gelungenen Wurf gehört zum Fliegenfischen selbstverständlich dazu. Aber Sie müssen entscheiden, was Sie in der jeweiligen Situation wollen: Üben oder Fische fangen, beides zusammen gelingt selten.

Eine sichere Position zum Fliegenwechsel in der starken Strömung.

Vom Streamern

Besser Fliegenfischen ist, den Streamer so zu sehen, wie ihn die Fische sehen.

Das Fischen mit dem Streamer ist eine weites Feld und es gibt ausgezeichnete Literatur, in der im Einzelnen dargelegt ist, welche Fischarten man mit welchem Streamer auf welche Weise fangen kann. Es versteht sich daher von selbst, dass es im Rahmen dieses Buches nur darum gehen kann, besser zu fischen, indem man beim Umgang mit dem Streamer einige relativ allgemein gültige Regeln einhält. Deshalb sind nur diese Gegenstand des Kapitels und nicht die unterschiedlichen Vorgehensweisen beim Streamern auf Hecht, Zander usw.

Die richtige Tiefe

Das Streamerfischen geht von ganz tief auf Grund, um den Zander an den Haken zu bekommen, bis zum über die Oberfläche durch die Strömung schlitternden Reizköder auf Rapfen. Die Forellengroßmutter im tiefen Gumpen soll überlistet

Der Streamer treibt im Fluss über alle verdächtigen Stellen, ehe er eingestrippt wird.

werden oder die an der Oberfläche jagenden Barsche. Die Bedingungen sind völlig unterschiedlich, je nachdem, ob ich am Bach mit kleinem Streamer den Forellen nachstelle oder ob ich im See dem Zander an die Schuppen will.

TIPP

Nutzen Sie den Bewegungsreiz. Streamer müssen „leben“. Das erreichen Sie durch die Bindeweise und vor allem durch die Bewegung Ihrer Rutenspitze. Wenn Sie den Streamer im kleinen Fluss über die verdächtigen Stellen treiben lassen, sollten Sie ihm beim Menden mit der Rutenspitze etwas Leben einhauchen.

Die richtige Tiefe am Fluss

Beim Streamern an kleineren Flüssen ist eine sinkende Leine in ihrem Einsatzbereich begrenzt, weil man damit den Streamer nicht ungehindert abtreiben lassen kann, während man gegen den Strom mendet: Sie werfen die Leine querüber und legen einen Bogen gegen die Strömung. Jetzt treibt Ihr mit viel Haar- und Federmaterial gebundener, lebendig spielender Streamer über der Steinpackung am anderen Ufer, während der Drift menden sie mehrmals gegen die Strömung. Am Ende der Driftstrecke menden Sie plötzlich anders herum in die Strömung. Ihr während der Drift abgesunkener Streamer schießt nun in einem Bogen in einer rasanten „Flucht“ nach oben und zu Ihrer Strömungsseite. Wenn er bis jetzt noch nicht im Maul eines Räubers verschwunden ist, können Sie ihn auf Ihrer Seite ruckweise zu sich heranzupfen. Das geht so mit der Sinkleine natürlich nicht. Um dennoch in verschiedenen Tiefen anbieten zu können, bleiben Ihnen die oben schon erwähnten Möglichkeiten: Sie können ein spezielles Vorfach mit Bleieinlage anschlaufen, ein größeres Spaltblei auf die Vorfachspitze klemmen oder einen Streamer mit „Einlage“ anbinden. Die letzte Variante wirft sich am besten, deshalb habe ich beschwerte und unbeschwerte und von manchem Streamer beide Varianten.

Die richtigen Tiefen am See

Viele Fliegenfischer nutzen die Forellenschonzeit zum Streamern auf die großen Räuber am See. Hier sind die Bedingungen nun völlig anders. Im Herbst und Winter stehen die Hechte tief, und deshalb hilft hier nur noch die Sinkschnur. Es gibt sie in vielen Ausprägungen von der unter der Oberfläche treibenden Intermediate über die langsam sinkende bis zur extrem schnell sinkenden Leine.

Ein Schnellsinker an der 8er-Hechtrute hat eine theoretische Sinkrate von 20 cm pro Sekunde. Wenn die Hechte in

4 m Tiefe stehen, würde das bedeuten, dass wir langsam bis 20 zählen müssten, bis der Streamer unten ist. Leider ist das nur in der Theorie so, denn der Streamer bremst im Allgemeinen die Sinkgeschwindigkeit erheblich. Ein voluminös gebundener Kaninchenfellstreamer kann die Sinkgeschwindigkeit versechsfachen. Und wenn der Fischer sich jetzt auf die theoretische Sinkgeschwindigkeit verlässt, strippt er den Streamer ein, kaum dass er seiner Sicht entschwunden ist und der 3 m darunter stehende Hecht wird ihn überhaupt nicht wahrnehmen. Ein erfahrener Fliegenfischer fischt mit diesen „Bunnys" nicht in der Tiefe und weiß, dass sie ihre größte Wirkung bei der Oberflächenfischerei auf Hechte entfalten, wenn diese im Frühjahr und Frühsommer nahe der Oberfläche stehen. Streamer, die wesentlich langsamer als die Leine sinken, haben noch einen Nachteil: Sie bewirken, dass die schneller sinkende Leine in einem Bogen nach unten durchhängt. Der Fischer bemerkt deshalb einen Biss erst mit Verspätung, nämlich wenn der Fisch die Leine stramm gezogen hat. Bis dahin kann er das ungewohnte Federgebilde in seinem Maul aber längst wieder ausgespuckt haben. Streamer werden nun zwar traditionell unbeschwert gebunden, weil eine zu grobe Beschwerung sie unbeweglicher macht. Aber was nützt ein beweglicher Streamer, wenn er nicht in angemessener Zeit auf Tiefe kommt und wenn man den Biss daran gar nicht wahrnimmt.

Mit der Strömung kann man den Streamer auf die Reise schicken.

Zeitrechnung

Sinkzeit „Bunny“: zwei Minuten, 4 m Tiefe.
Einstrippen: eine halbe Minute.
Fächerförmiges Absuchen: bei 8 Würfen über 20 min zuzüglich Zeit für die Würfe.
Benötigte Zeit für einen mittleren Baggersee, der systematisch abgesucht wird, den ganzen Tag oder länger.

Der fängigste Streamer ist der bewegte Streamer, deshalb wird die Angelegenheit erst recht widersinnig, wenn wir bedenken, dass wir drei Viertel dieses Tages mit Warten aufs Absinken verbringen und nur ein Viertel mit Fischen im eigentlichen Sinne. Der Fliegenfischer, der dies auf sich nimmt, muss mit dem Gemüt einer Schildkröte ausgestattet sein. Da die wenigsten dies sind, empfiehlt es sich, entgegen der Tradition schneller auf die richtige Tiefe zu kommen. Dazu gibt es nun zwei Möglichkeiten: Man kann schlanke, sparsam gebundene Streamer auf Tauchstation schicken oder voluminöse, besser spielende Streamer beschweren, indem man unter dem Dubbing eine Bleidrahtwicklung anbringt oder – noch schwerer – auf der Grundwicklung eine Lage Softtungsten, ein wolframhaltiges Gummimaterial, einbindet. Eine weitere Möglichkeit ist die Beschwerung mit Bleiaugen. Ganz anders sieht das aus, wenn wir im Frühsommer den oberflächennah stehenden Hechten nachstellen. Hier kann es sogar günstig sein, wenn ein mit Rehhaar und Kaninchenfell gebundener Streamer an der Intermediate beim Einstrippen kurz unter Wasser gezogen wird und in den Einstripppausen wieder auftaucht. Er simuliert so ein krankes Fischchen, welches vergeblich zum Grund zu kommen versucht. Und ein unbeschwerter Streamer mit Auftrieb hat auch dort seine Berechtigung, wo er an der auf dem Grund liegenden Sinkleine kurz über Grund langsam gezupft wird, so dass er sich nicht verhängt. Die letzte Variante ist vor allem beim Streamern auf Zander gebräuchlich. Aus dem oben erwähnten „Fächer“ geht nun schon hervor, dass erfolgreiches Streamern viel mit systematischem Vorgehen zu tun hat.

Streamertrio aus zwei schnell sinkenden Federstreamern und einer buschigeren Variante

Die richtige Größe für unsere Hechte : Zwei „Bunnys“ für die Oberfläche und ein Streamer für die Etage darunter

TIPP

Wenn die Zeit für eine „Gesamtsuche“ nicht reicht, ist es besser, sich auf die verdächtigen Stellen in abnehmender Rangfolge zu konzentrieren und am nächsten Tag dieses Prinzip weiter zu verfolgen.

Systematisch Streamern

Die Forellen haben Schonzeit, die Äschen hat der Kormoran geholt, also fahren wir heute Mittag mal an den Fluss und versuchen es auf Hecht. Ein paar Stunden streamern wir mal hier, mal dort, und weil wir 20 km Flussufer zur Verfügung haben, fahren wir auch noch nach yx. Viele Fliegenfischer fangen weitaus weniger mit dem Streamer, als sie könnten, weil sie nur eine ungenaue Vorstellung davon haben, wie man sinnvoller vorgeht und das Ganze wird zur Zufallsfischerei. Streamerfischen hat aber außer in seltenen Fällen, in denen wir einem ausgemachten Fisch unseren Reizköder vor die Nase setzen, viel mit Suchen zu tun.

So streamert man systematisch im Fluss.

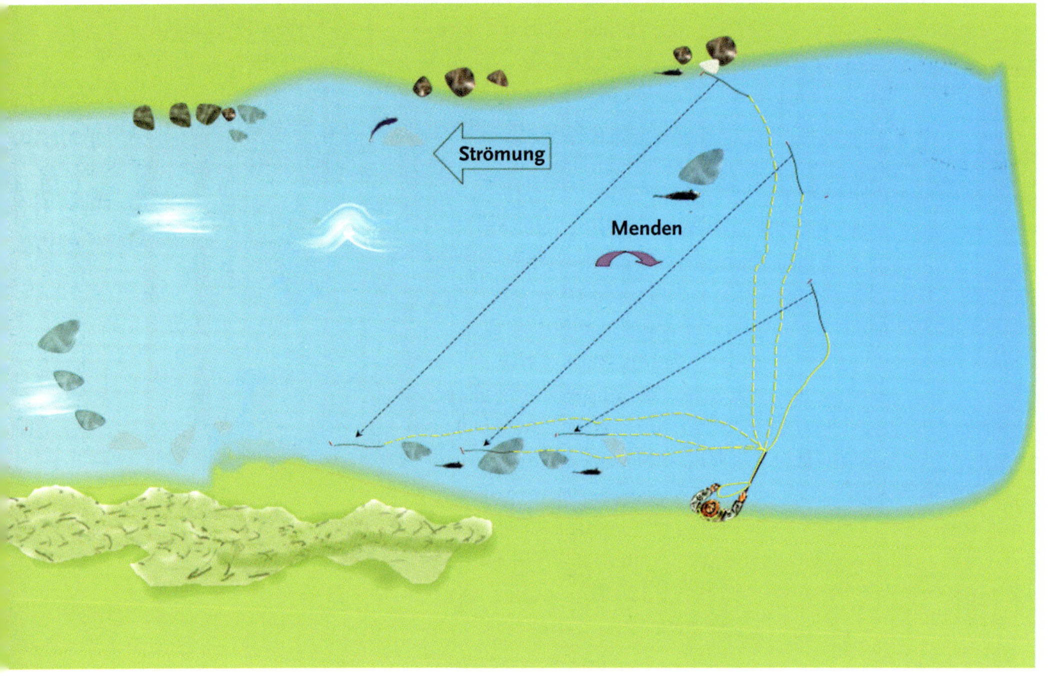

Systematisch Streamern am Fluss

Während wir in kleineren Flüssen die forellen- und hechtverdächtigen Stellen relativ leicht finden und abfischen können, wird dies an größeren Flüssen mit gleichmäßiger Strömungsstruktur schon schwieriger.

An den relativ flachen, kleinen Flüssen können wir uns deshalb darauf beschränken, die „forellengroßmutterverdächtigen" Gumpen und Wehrkolke, die Steinpackungen und unterhöhlten Ufer mit dem Streamer anzuwerfen. Und wenn wir dem Hecht an die Schuppen wollen, suchen wir – im Gegensatz zu den sauerstoffreicheren Forellenstandplätzen – die strömungsarmen, Deckung bietenden Stellen auf. Bei den größeren und meistens auch tieferen Flüssen ist dies nicht so einfach, denn die meisten sind dem Begradigungswahn der 60er-Jahre zum Opfer gefallen und strömen gleichmäßig mit „bereinigten" Ufern vor sich hin. Hier müssen wir systematisch unsere Uferseite absuchen. Wir werfen eine Leinenlänge von 7 bis 8 m leicht stromauf und lassen den Streamer absinken, während wir gegen die Strömung menden. Wenn der Streamer herumgetrieben ist, zupfen wir ihn in möglichst variabler Führung zu uns heran. Beim nächsten Wurf wiederholen wir das Ganze mit 2 m längerer Leine usw., bis wir am oberen Limit unserer werferischen Möglichkeiten angelangt sind. Jetzt ist es Zeit, den Platz zu wechseln, nämlich dahin, wo unser herumtreibender Köder zuletzt in Ufernähe gekommen ist. Dort geht es dann flussabwärts in gleicher Weise weiter. Wenn wir tiefer hinunter müssen, kommen wir allerdings ohne Sinkleine nicht zurecht. Wir folgen demselben Prinzip, aber müssen uns das Menden sparen. Die Sinkleine sorgt nun mit dafür, dass der Streamer nach unten kommt. Das Suchen ist natürlich eine zeitraubende Angelegenheit und wer sich das nicht antun will, hat im Sommer die Chance, die Stellen auszukundschaften, an denen am Abend die Zander oder Rapfen jagen und diese dann mit oberflächennah geführten Ködern gezielt anzuwerfen.

TIPP

Im Fluss haucht die Strömung Ihrem Streamer Leben ein. Weniger üppig gebundene Varianten werden nicht so leicht hochgedrückt und sinken besser ab.

TIPP

Beim Oberflächenstreamern am See sind üppig gebundene, schon beim kleinsten Zug lebendig spielende Streamer von Vorteil.

TIPP

Beim tiefen Streamern am See müssen Sie Streamer, oder Vorfach so beschweren, dass die Montage gleichmäßig und in angemessener Zeit sinkt.

Systematisch Streamern am See

Vor allem am herbstlichen See ist Streamern eine dreidimensionale Angelegenheit. Die Hechte und Zander haben sich den Futterfischen folgend in größere Tiefen zurückgezogen und der beliebte Standplatz im Wurzelwerk und unter den überhängenden Ästen ist verwaist. Sein Inhaber steht irgendwo zwischen 3 und 10 Metern zwischen den Krautresten oder patrouilliert an der Abbruchkante entlang. Wenn wir den Fang unserer Herbsthechte nicht nur vom Zufall abhängig machen wollen, bleiben uns jetzt zwei Möglichkeiten: Entweder suchen wir nur die hechtverdächtigen Stellen systematisch ab oder den ganzen See, und zwar fächerförmig und überall dort, wo wir werfen können. Zu diesem Zweck ist es angebracht, das Beispiel vom Kasten S. 64 noch einmal zu bemühen. Gehen wir davon aus, dass wir durch einen gut sinkenden Streamer die im Kasten ausgerechnete Zeit für den Fächer mit 8 Würfen auf ca.12 –15 min. verkürzt haben. Dann brauchen wir aber immer noch 35 min., wenn wir drei verschiedene Tiefen abfischen wollen. Anders als im Beispiel von S. 64, bei dem wir etwas naiv von einer „festgelegten" Tiefe, in der sich die Hechte zu befinden haben, ausgegangen waren, sind die Fische in Wirklichkeit nicht so kooperativ.

Ab zwei Metern ist nach unten je nach Wasserschichtung alles offen.

In Eifelmaaren wurden von Tauchern Hechte schon in 40 m Tiefe ausgemacht. Wenn wir jetzt nur drei Wasserschichten fächerförmig absuchen, können wir zumindest grob abschätzen, ob wir mit dieser Methode in der zur Verfügung stehenden Zeit unseren See insgesamt absuchen können, oder ob wir mit dem Gefühl nach Hause fahren, dass wir heute womöglich den Hecht unseres Lebens gefangen hätten, wenn wir vor dem Dunkelwerden nur noch die letzten hundert Ufermeter geschafft hätten. Wenn ein Biss unmittelbar nach den ersten Anzupfern des Streamers erfolgt, wissen wir, in welcher Tiefe wir an anderer Stelle weiterfischen müssen. Wenn der Biss mitten oder am Ende der Einholphase erfolgt, ist das nicht ganz so einfach, denn Raubfische verfolgen den schräg nach oben gezupften Streamer oft eine ganze Strecke, bevor sie zufassen. Herbst- und winterliches Streamerfischen am See ist in erster Linie suchen, und das tut man nun einmal am besten systematisch. Besser geht es im Frühsommer. Da die Futterfische dann relativ hoch stehen, tun dies auch die Räuber. Der Zander jagt gern nachts und in der Dämmerung an den Flachwasserstellen, der Hecht steht versteckt zwischen den Seerosen und unter überhängendem Gebüsch. In dieser Jahreszeit sollte man deshalb zuerst die verdächtigen Stellen am Ufer entlang abfischen, ehe man weiter draußen und tiefer sucht. Analog zum Streamerfischen am größeren Fluss sucht man auch das Ufer eines Sees ab, indem man zuerst rechts und links kürzere Würfe in Ufernähe macht. Das hat den Grund, dass man eventuell vor den Füßen stehende Hechte nicht vergrämt, weil man sie bei weiteren Würfen womöglich mit der Sinkleine direkt über-

Fächerförmig streamern am See

wirft. Schilfränder, Seerosenfelder, überhängende Gebüsche lassen sich am besten mit einem Bellyboat von der Wasserseite aus anfischen und wenn man die Möglichkeit hat, sollte man dies vor allem für die Sommerfischerei nutzen, denn die bewachsenen Seeufer sind anders schwer zu befischen. Ob fächerförmig oder am Ufer entlang, ob an der Oberfläche oder tief, es wird der Fliegenfischer erfolgreicher sein, der weiß, was er will und seine am Wasser verbrachten Stunden planvoll gestaltet. Dazu gehört eben gedankliche Vorarbeit, und zwar nicht nur in Bezug auf die Standplätze der Fische und die Methode, wie ihnen mit dem Streamer beizukommen ist, sondern auch die richtige Ausrüstung betreffend. Und diese hängt wiederum davon ab, welchen Fischen wir nachstellen wollen.

So streamert man im Sommer am See.

Die Ausrüstung

Besser Fliegenfischen ist, so wenig wie möglich und so viel wie nötig mit ans Wasser zu nehmen.

Sie kennen das sicher: Im Angelladen hängt ein neues innovatives Teil, welches Sie „unbedingt" brauchen. In der Beschreibung desselben versteht es der Hersteller jedenfalls, Ihnen schlimmste Folgen zu suggerieren, falls es Ihnen nicht gelingt, mit Hilfe des Spezialvorfaches die Nymphe in genau der Tiefe anzubieten, die auf die großen Äschen immer und überall die einzig fängige ist.

Zu einem solchen Fluss haben wir im Moment zwar keinen Zugang, aber es könnte ja sein ... und schon wandert das Vorfach ins Einkaufskörbchen. Auf diese Weise gelingt es Ihnen im Laufe der Zeit, Ihrer mit zahlreichen Taschen versehenen Fliegenweste das Gewicht einer Ritterrüstung zu verleihen und deshalb sollte Ihre Weste nur das Wesentliche enthalten.

Weste und Inhalt

Wichtiges Zubehor

Fliegenfischen allgemein: Priest, Messer, Löseschere, Schnurknipser, Polbrille, Ersatzvorfach, sinkendes Vorfach, Spulen mit Schnur für die Vorfachspitze von 0,10 bis 0,18, Pin-on-Reel, Pitzenbauerringe, Bißanzeiger, Fliegendosen mit Trockenfliegen, Nassfliegen, Nymphen, Forellen-Döbelstreamern, Spaltbleie, Amadou, Fliegenfett, Ihre Papiere

Grobes Streamerfischen: Streamertaschen und -dosen mit größeren Streamern verschiedener Bindeweise, Stahldraht für Hechtvorfächer, drei verschieden lange Hechtvorfächer bestehend aus jeweils 1,50 m, 1,00 m, 0,50 m langem 50er Monofil mit 0,40 m knotbarem Stahlvorfach, Wirbel, Messer, Priest, Lösezange, Maulsperre, Hakenschleifer, Seitenschneider

Welche Ruten und Rollen?

Verschieden Ruten – Verschieden Klassen

Wer die Diskussionen über das Für und Wider dieser oder jener Rute verfolgt, wird sehr schnell feststellen, dass die Rute mehr als ein bloßes Arbeitsgerät ist. Sie muss ihren Zweck erfüllen, aber sie soll auch den jeweiligen Wurfkünsten und -vorlieben ihres Besitzers entsprechen. Eine Rute, die genau das tut, was ich will, die mir über ihre Aktion den Wurf rückmeldet, vermittelt mir Freude an der gelungenen Bewegung im gleichen Maße, in dem ein Sportler ein positives Körpergefühl empfindet. Also ist es unerlässlich, die Rute vor dem Kauf – am besten mit verschiedenen Leinen – zu werfen. Sie müssen damit gut werfen können und die Aktion muss Ihnen das Gefühl vermitteln: Das ist die Richtige. Als Minimalausrüstung kommen Sie mit einer 5/6er und einer 8er fürs schwere Streamerfischen zurecht. Im Lauf der Jahre wird die eine oder andere Rute hinzukommen und dann werden Sie vielleicht zum Hecht- und Zanderfischen mit Ihrer 8er nach wie vor auskommen. Zur Fahrt an den Mittelgebirgsfluss werden Sie eine kurze 4er Bachrute mitnehmen, mit der Sie in überwachsenen Bereichen die Trockenfliege präsentieren. Steigt nichts und rechnen Sie damit, dass Sie am gleichen Wasser heute mehr mit schweren Nymphen und nur gelegentlich mit der Trockenfliege fischen, machen Sie Ihre kurze 5/6er fertig, die Sie als „Ersatzrute" natürlich sowieso mitgenommen haben, und da liegt ja auch noch die 5er von 9,6 Fuß im Kofferraum, genau die Richtige, um aus dem hohen Uferbewuchs am Wiesenbach und im breiteren Fluss Nymphe und Trockenfliege zu präsentieren.

Nun müssen Sie Ihre Rute noch mit der richtigen Rolle ausstatten. Davon gibt es sündhaft teure, die durch ihre saubere und präzise Verarbeitung, ihr Design, ihre Laufgeräusche den dafür Empfänglichen als technisches „Wunderwerk" faszinieren. Andererseits ist die Rolle, nüchtern betrachtet, nichts als ein Schnurbehälter, der in den unteren Klassen nicht einmal eine Bremse benötigt. Jeder muss für sich selbst entscheiden, welcher Position er zuneigt, doch man sollte sich den Vorteilen moderner Entwicklungen nicht verschließen. Die in letzter Zeit immer zahlreicher auf dem

Hier sind die unterschiedlichen Schnüre und auch die verschiedenen Rollen sehr gut zu erkennen.

Markt erscheinenden Großkernrollen bieten beim Aufrollen der Leine und beim Drill eines Fisches eindeutige Vorteile, weil aufgrund der Hebelverhältnisse die Bremskraft gegen einen abziehenden Fisch fast konstant bleibt und weil man oft genug größere Schnurlängen wieder aufspulen muss. In Bezug auf Letzteres sind sie wesentlich komfortabler. Vielleicht fassen sie etwas weniger Schnur plus Backing als die Rollen mit kleinerem Kern, aber wer hat denn schon einmal einen Fisch an unseren mitteleuropäischen Gewässern verloren, weil die letzten 10 m Backing fehlten? Unserer Rutenausrüstung entsprechend müssten wir nun zumindest eine 8er und eine 5er Rolle haben. Die erweiterte Rutenausrüstung erfordert lediglich eine Leerspule mehr, denn auf einer Spule der 5er Rolle könnte sich eine 4er Leine und auf der anderen eine 5er befinden. Aber welche Leinen sollen das denn sein?

Die richtige Leine

Oberflächenstreamer

In meinen ersten Jahren als Fliegenfischer hatte ich immer eine Spule mit Sinkleine in meiner Weste. Ich habe sie nie gebraucht und mit der Zeit gelernt, dass in allen fischereilichen Situationen für das Fischen am Fluss mit den Ruten bis zur Klasse 6 auf Forellen, Äschen, Döbel und Barben eine schwimmende Leine ausreichend ist. Für den Fall, dass der Köder tief hinunter muss, habe ich ein – sehr selten gebrauchtes – Vorfach mit Bleieinlage in der Weste, welches mit ein paar Handgriffen meine schwimmende Leine in eine Sinktipp umfunktioniert. In der Regel sind meine entsprechend gebundenen Nymphen und Streamer schwer genug, um an langer Vorfachspitze den Grund zu erreichen. Wenn wir zusätzlich noch Spaltbleie in der Ausrüstung haben, sind wir für alle Situationen am kleineren und mittleren Fluss gerüstet. Die Art der Leine muss nun allerdings zur Rute und zu den überwiegenden fischereilichen Situationen passen. Wenn wir an unserem Hausgewässer vorwiegend auf lange Distanzen ablegen müssen oder viele Rollwürfe benötigen, sind wir mit einer Double-Taper (DT) am besten bedient, denn diese liegt ruhiger in der Luft und bildet beim Rollwurf eine gleichmäßige Rolle. Fischen wir vorwiegend kurze Distanzen, ist eine Weight-Forward (WF) günstig, weil sie die Rute schneller auflädt und so möglicherweise Leerwürfe spart. Longbellys liegen in ihren Eigenschaften dazwischen. Aber nicht jede Rute wirft mit jeder Leine gut und man probiert an seinem Gerät am besten aus, ob es mit einer DT, einer Longbelly oder einer WF am besten harmoniert.

Bei der Leinenwahl für die 8er Hechtrute sieht die Angelegenheit nun völlig anders aus. Da wir auch am See fischen wollen und tief hinunter müssen, andererseits aber auch an der Oberfläche den Räubern nachstellen, müssten wir einige Ersatzspulen mit unterschiedlichen Leinen mitnehmen. Es geht aber auch einfacher, wenn man sich ein Schusskopfsystem zulegt, welches z. B. aus einem schwimmenden-, einem intermediate-, einem langsam und einem schnell sinkenden Schusskopf plus Runningline besteht. Die Schussköpfe sind zwischen 12 und 7 m lang und können den eigenen Bedürfnissen und der Rute entsprechend eingekürzt werden. An beiden Enden des Schusskopfes sollte sich ein Loop befinden, dann kann man ohne größere Umbauten das Vorfach ausschlaufen, den Schusskopf um die Hand wickeln, ihn von der Runningline abschlaufen, einen anderen Schusskopf anschlaufen usw. In diesem Fall kommt man mit einer Rolle ohne Ersatzspule aus. Schussköpfe zu werfen, erfordert allerdings etwas Übung: Man wirft am besten, indem man ihn mit wenigen Leerwürfen komplett vor die Rutenspitze ausspielt und dann mit einem schnellen Vorschwung, unterstützt durch einen kräftigen Zug, die vorher abgezogene Runningline schießen lässt.

Schusskopfsystem bestehend aus zwei unterschiedlich schnell sinkenden Schussköpfen (schwarz), einem schwimmenden- (grün) und einem Intermediateschusskopf (klar).

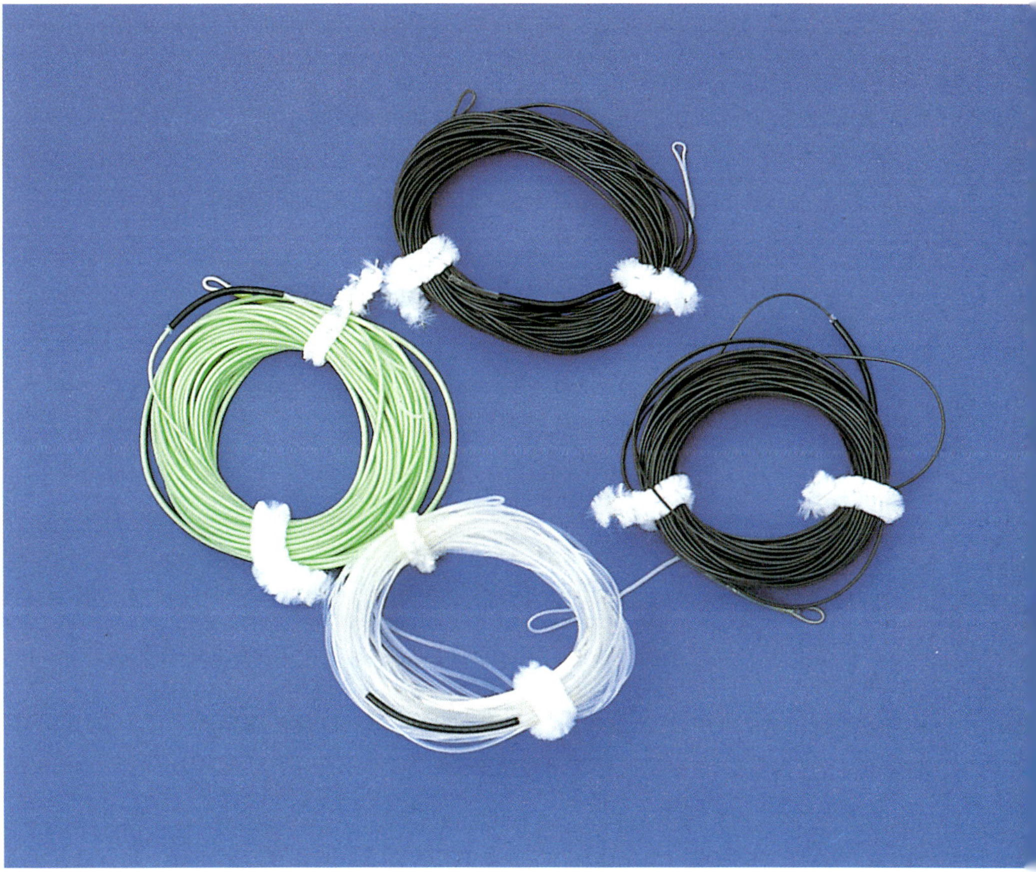

Weiteres Zubehör

Kein Fliegenfischer wird ohne Waten zurechtkommen. Von seinen bevorzugten Revieren ist es abhängig, ob er vorwiegend Stiefel oder die Wathose braucht. Aber auf längere Sicht wird man beides benötigen. Da man öfter längere Strecken am Wasser zurücklegen muss, sollte man nach der bequemsten Möglichkeit suchen, also immer dort, wo es ausreicht, Watstiefel bzw. -strümpfe mit Schuhen benutzen und in an-

Im hohen Gras fischt man mit Schusskorb, damit sich die Leine nicht verhängt.

deren Fällen eine atmungsaktive Wathose. Letztere ist in den meisten Fällen mit der entsprechenden Unterkleidung eindeutig komfortabler als eine Neoprenhose. Kescher und Hut oder Mütze sind ein Muss, denn schließlich wollen wir auch größere Fische landen können und die Kopfbedeckung soll sowohl vor Sonne als auch vor „fehlgeleiteten" Fliegen schützen; zum Schutz vor diesen dient auch eine Polbrille. Wer viel mit dem Schusskopf auf Hecht fischt, sollte über die Anschaffung eines Schusskorbes nachdenken.

Mut zu Neuem

Besser Fliegenfischen ist, neugierig darauf zu sein, ob auch anderes funktioniert als das immer schon Praktizierte.

Wir würden uns heute noch in der geistigen Tradition Halfords und seiner puristischen Thesen von der Bindeweise und Präsentation der Trockenfliegen befinden, wenn es nicht immer wieder Fliegenfischer gegeben hätte, die der Zweifel an der universellen Gültigkeit der „Lehrmeinungen" dazu veranlasst hätte, eigene Wege zu gehen. Dies gilt für die Geräteentwicklung, das Fliegenbinden, die Fliegenwahl und -präsentation und die Köderführung. Viele Fliegenfischer haben dabei versucht, sich in den Fisch hineinzuversetzen und die Fliege und deren Verhalten aus der Sicht des Fisches zu sehen. Obwohl dies letztlich nicht geht, führt diese Überlegung doch oft zu erstaunlichen Ergebnissen.

Die Fliegen auf dem Wasser als falscher Maßstab

Zum Beispiel dazu, dass man in manchen Situationen mit einer Fliege, die völlig anders ist als die gerade auf dem Wasser treibenden Subimagos, besser fängt als mit einer möglichst „echten" Nachbildung. Das ist vor allem dann der Fall, wenn die Fische sich bei einem größeren Schlupf mit Insekten vollstopfen und der Fressrausch allmählich nachlässt. Die Wahrscheinlichkeit, dass bei dicht an dicht den Fluss heruntertreibenden Baetis die Fische ausgerechnet unsere Imitation nehmen, ist gering. Ihre Aufmerksamkeit zu erregen, indem man eine Fliege präsentiert, die sich sowohl in der Größe, der Farbe und der Silhouette von den natürlichen unterscheidet, ist immerhin einen Versuch wert.

Diese schon in älterer Literatur erwähnte Kontrastmethode bringt oft selbst Fische an den Haken, die kurz vorher noch die etwas ungenaue Nachbildung der auf dem Wasser präsenten Fliege durch Abdrehen verweigert haben. Und wenn das nicht funktioniert? Dann probiert man halt die Dose durch?

Bei steigenden Fischen auf Nymphe wechseln

Warum sollten die Fische irgendeine andere Imitation nehmen, wenn sie schon die der auf dem Wasser treibenden Insekten verweigern und ebenfalls die Kontrastfliege?

Vorfachwechsel und Positionswechsel versprechen da schon eher Erfolg. Leider scheint damit das Verhaltensrepertoire vieler Fliegenfischer auch schon erschöpft. Bei steigenden Fischen fischt man halt trocken, und die Kollegen werden das Anknüpfen einer Nymphe allenfalls als Verzweiflungstat nach zahllosen vergeblichen Versuchen ansehen. Aber genau diese „Verzweiflungstat“ bringt oft unerwartete Ergebnisse, und zwar vor allem an leicht zugänglichen Stellen, wo fast jeder trocken fischt. Die Fische können die entsprechenden Bindeanleitungen schon auswendig und bringen deshalb der Nymphe erheblich weniger Misstrauen entgegen. Man erhöht also seine Erfolgsaussichten, wenn man – auch bei steigenden Fischen – zur Nymphe greift, *bevor* man seine sämtlichen Trockenfliegen ausprobiert hat.

„Ameisenvariation“

Die aufsteigende Nymphe

Diese kann man nun in „Dead Drift“ stromauf anbieten und die natürliche Drift durch gezieltes Menden gegen den Strom verlängern. In den meisten Beschreibungen zum Nymphenfischen wird versucht, zwei in sich gegensätzliche Prinzipien zu kombinieren, nämlich indem man die Nymphe über eine möglichst lange Strecke natürlich abtreiben lässt und sie anschließend bei herumtreibender Schnur aufsteigen lässt. Solche Beschreibungen schließen gelegentlich mit dem Satz: „Der Biss erfolgt oft beim Aufsteigen der Nymphe.“ Man macht sich also auf diese Weise auf der ersten Hälfte der auszufischenden Strecke die natürliche Fortbewegung einer Nymphe zu Nutze und auf der zweiten Hälfte fischt man sozusagen einen Aufsteiger. Aber wenn die Bisse beim Herumtreiben und Aufsteigen erfolgen, warum sollte man dann nicht der innewohnenden Logik folgen und die Nymphe sofort als Aufsteiger fischen? Einem Kollegen und mir wurde nach anfänglichem Kopfschütteln der beiden zuschauenden Fischer deren anschließende „Bekehrung“ zuteil. Die beiden hatten an dem stark befischten Gumpen „trocken“ aufgegeben. Wir verließen gleich in zweifacher Hinsicht den Pfad der Tugend: Erstens fischten wir bei steigenden Fischen mit Nymphen und zweitens ließen wir die Nymphen unmittelbar nach dem ersten Absinken aufsteigen, und zwar indem wir die Rute langsam etwas schneller als die Strömung flussabwärts führten. Dadurch stieg die schwere Goldkopfnymphe auf. Die Rute wird dabei jeweils so weit nach hinten geführt,

Nymphe als Aufsteiger gefischt

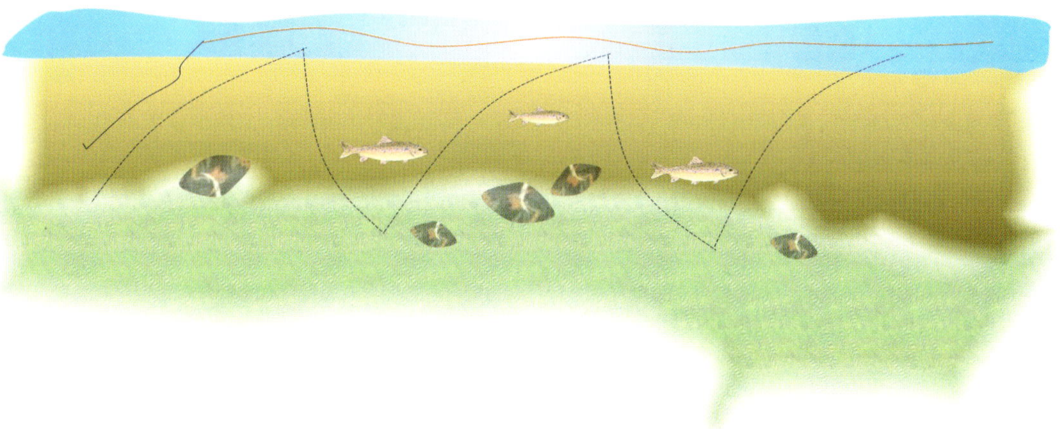

dass man noch einen Anhieb setzen kann, dann führt man sie wieder nach vorne und holt gleichzeitig Leerschnur ein. Dabei sinkt die Nymphe wieder ab, und das Gleiche beginnt von vorn.Eine ähnliche Verfahrensweise ist aus der Literatur als Auslöser des Induced Take bekannt und benannt. Je nach Strömungsgeschwindigkeit kann man bei einem weiten Wurf zwei bis vier Aufstiege simulieren. Man verpasst keinen Biss, weil jeder der meist in der ersten oder zweiten Aufstiegsphase erfolgenden Bisse durch die gespannte Schnur sofort über die Rute an die Rutenhand weiter gemeldet wird.

In der oben genannten Situation und in manch anderer war diese Technik so erfolgreich, dass sie fester Bestandteil unserer Fliegenfischerpraxis wurde.

Die multifunktionelle Nymphe

Beim Fischen mit Nymphen gehört es mittlerweile zur gängigen Praxis, die Nymphe den ersten Teil ihres Weges in Dead Drift zu fischen und sie dann aufsteigen zu lassen. Man kann der Nymphe jetzt zusätzlich noch eine Funktion auferlegen, nämlich die des Streamers. Nachdem die Leine vollständig herumgeschwungen ist, zupft man die Nymphe als Streamer in kurzen Rucken zu sich heran. Auf diese Weise fischt man dann auch noch das eigene Ufer ab, erfolgreich vor allem dann, wenn am Ufer im Sommer am helllichten Tag die Forellen unter der unterhöhlten Uferböschung stehen. Einer buschigen, mit etwas Glitzermaterial gebundenen Nymphe, die am Ufer an ihrer Nase vorbeizuckelt, können nicht viele Fische widerstehen. Allerdings beanspruchen Köder, die sowohl als abtreibende Nymphe, als Aufsteiger, wie auch als Jungfischchen alle Anforderungen erfüllen sollen, die Phantasie des Binders.

Eine „multifunktionelle“ Hasenohrgoldkopfnymphe.

Solche Tierchen müssen in etwa die Silhouette einer Nymphe, das Luftbläschenglitzernde eines Aufsteigers und die Eigenbewegung eines Kleinststreamers mitbringen.

Zwei Sorten Nassfliegen

Nassfliegen fischt man knapp unter der Oberfläche und sie imitieren ein ertrunkenes oder aufsteigendes Insekt. Beim klassischen Wet-Fly-Swing wirft man schräg stromab oder querüber und lässt die Fliege herumtreiben. Dabei mendet man mehrmals gegen den Strom, damit die Fliege ungehindert abtreiben und sinken kann. Auf diese Weise kann der Fischer eine Gewässerstrecke absuchen, indem er bei gleicher Leinenlänge nach jedem Wurf ein paar Meter flussabwärts geht. Die Nassfliegenfischer haben allerdings früher die Rolle des Bewegungsreizes erkannt. Beim so genannten Leisenring-Lift wird die stromab an lockerer Leine abgesunkene

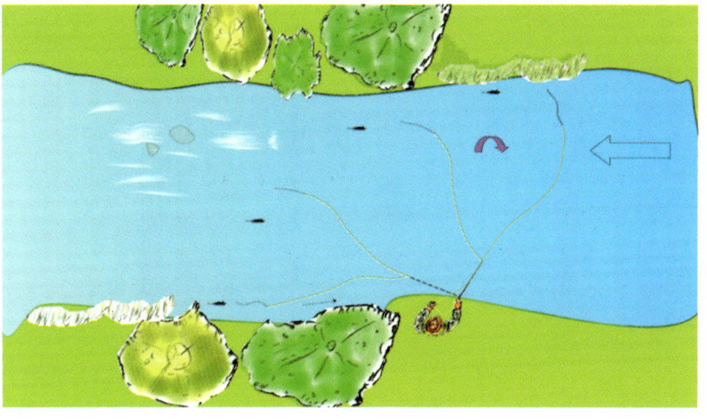

Mit dem Wetflyswing, der herum schwingenden Nassfliege, sucht man die ganze Flussbreite ab.

Fliege vor dem Standplatz des Fisches gestoppt und steigt dadurch auf. Der Fisch reagiert genau so, wie oben bei der aufsteigenden Nymphe beschrieben. Damit die Fliege auch Zeit zum Sinken hat, wirft man sie zunächst ein Stück gerade stromauf. Man kann sich nun die Sache erheblich erleichtern, indem man jeweils zwei Varianten von Nassfliegen bindet, nämlich eine konventionelle und eine mit einer Unterwicklung je nach Gewässertiefe aus Kupferdraht, Bleidraht oder Softtungsten. Rein äußerlich sind die beiden Varianten – auch für den Fisch – kaum zu unterscheiden, deshalb haben sie beispielsweise bei mir unterschiedlich gefärbte Kopfwicklungen. Eine beschwerte Nassfliege bewegt sich nicht so lebendig wie eine unbeschwerte, aber sie ist variabler.

Sie sinkt zunächst tiefer. Nun hat man die Möglichkeit, durch einen Schnurbogen in Strömungsrichtung ihre Fortbewegung und ihren Aufstieg zu beschleunigen, so dass man damit von ganz tief bis direkt unter die Oberfläche fischen kann. Zusätzlich hat eine deutlich beschwerte Nassfliege noch den Vorteil, dass man sie wie einen Streamer zu sich heranzupfen kann, ohne dass sie auf der Oberfläche herumschlittert. Warum zwei Sorten Nassfliegen? Man kann die Fliege doch auch durch ein Bleischrot auf dem Vorfach 30 cm vor der Fliege nach unten bringen. Stimmt, aber solche Montagen lassen sich nur auf kurze Distanz einigermaßen werfen. Möchte man weitere Strecken überbrücken, ist es besser, das Gewicht am Ende des Vorfaches zu haben.

Flymph

Außer der relativ unbekannten Variante: „Beschwerte Nassfliege“ benutzt der Profi auch eine so genannte „Flymph“. Wie der Name schon andeutet, handelt es sich um eine der Nymphe ähnliche Nassfliege, die ebenfalls schneller sinkt als die gewöhnliche. Sie wird ohne Flügel nur mit einer spärlichen Hechel gebunden. Kombiniert man die 4 Merkmale – gewöhnliche Nassfliege, Flymph, beschwert, unbeschwert miteinander – erhält man bei jeder Fliege 4 mögliche Varianten mit denen man auch ohne Bleischrot auf dem Vorfach allen Situationen gewachsen sein dürfte.

Flüchtende Nymphen und Trockenfliegen

Die Schlittersedge ist eine in der Literatur bekannte gleichwohl selten angewandte Technik, eine frisch geschlüpfte vom Wasser abhebende Köcherfliege zu imitieren. Diese starten gewöhnlich gegen die Strömung und man braucht ein gut auf der Oberfläche „reitendes“ Muster – etwa eine buschig gebundene Buck Caddis – um das Abheben der Köcherfliegen in der Dämmerung zu imitieren.

Nun darf man ruhig annehmen, dass für die Fische die Bewegung der Biss auslösende Reiz ist und nicht etwa das Muster Köcherfliege. Dass dies in der Tat so ist, kann man feststellen, wenn man die eigentlich zum bewegungslosen Abtreiben verdonnerten Nymphen und Trockenfliegen das Gegenteil tun lässt. Querüber angeworfene oben stehende Fische, ob Forelle oder Döbel, reagieren häufig erfreulich unkonventionell, wenn kurz vor ihnen eine auf sie zutreibende Nymphe oder Trockenfliege seitlich flüchtet. Meistens wird sie verfolgt und oft genommen, und zwar selbst von Fischen, die die natürlich abtreibende Imitation unbeachtet lassen. Hier könnte man annehmen, dass die Fische etwa Folgendes denken: „Was sich von selbst bewegt, lebt, und was lebt, kann man fressen." Am besten funktioniert die Methode bei zehn bis 15m breiten Flüsschen mit einer ausgeprägten Mittel- und einer schwachen Randströmung sowie deutlich ausgemachten, am Rand oben stehenden Fischen. Und das macht man so: Quer über die Strömung wird dem Fisch die Fliege oder Nymphe mit gerader Leine etwa 50 cm vor die Nase gelegt. Die stärkere Mittelströmung drückt sofort einen Bogen in die Schnur, wodurch je nach Strömungsverhältnissen die Fliege 20 cm vor dem Fisch zur Flussmitte „flüchtet".

In einer anderen fischereilichen Situation kann man, im Fluss stehend, den Fisch stromauf seitlich überwerfen und die auf ihn zutreibende Fliege kurz vor ihm seitlich wegzupfen.

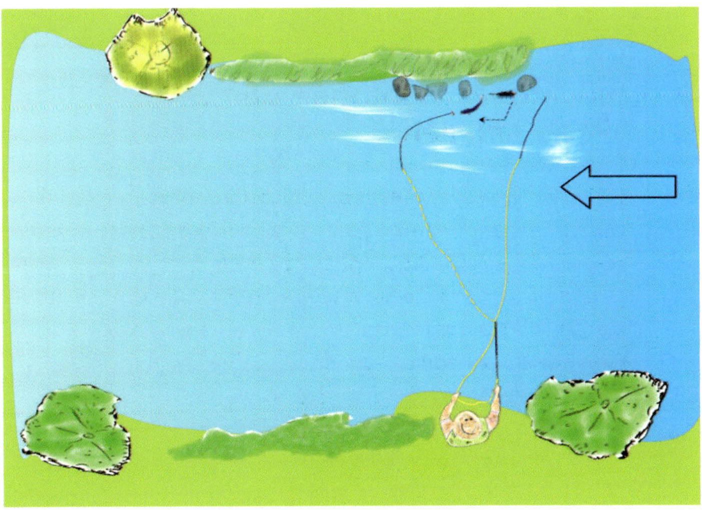

Eine „flüchtende" Nymphe.

Fliegen mit rosa Flügeln, gezupfte Tungstennymphen, Unkonventionelles

Oft hört man die Meinung, dass ein Fliegenmuster, welches der Fisch akzeptieren soll, sich so verhalten muss, wie sein natürliches Vorbild.

Dies trifft sicher auch häufig zu. Und kein ernst zu nehmender Fliegenfischer wird die Trockenfliege schon beim ersten Einwurf zupfen oder die als abtreibende Nymphe gebundene Imitation bewegen wollen. Aber was ist das jeweils natürliche Vorbild für den Fisch? In meiner Dose befindet sich eine schwarze Mücke mit weit abstehenden, leuchtend rosa Flügeln. Was sie imitieren soll? So genau weiß ich das nicht, aber man sieht sie sowohl bei hellem Sonnenlicht als auch in der Dämmerung hervorragend. Sie fängt als Trockenfliege präsentiert ebenso wie durchs Wasser furchend. Was hindert den Fisch daran, die von uns beabsichtigte Imitation einer hilflos abtreibenden Nymphe bei entsprechender Bewegung als Futterfischchen anzusehen. Die Praxis beweist, dass die Ansicht des Fliegenfischers und des Fisches in Bezug darauf, was die Fliege imitiert, oft sehr verschieden voneinander sind. Die oben zitierte, für viele Situationen sicher zutreffende Meinung ist es, die bei aller Berechtigung oft jegliche Experimentierfreude unterbindet. Der Biss auslösende Reiz, der von bewegten Ködern ausgeht, wird in der Fliegenfischerliteratur nur am Rande erwähnt und in der Praxis zu sehr vernachlässigt. Vielleicht spukt die Ansicht Halfords immer noch unbewusst in zu vielen Köpfen herum und verhindert, dass man Trockenfliegen, Nymphen und Nassfliegen entgegen der „Konvention“ bindet, präsentiert und führt. Auch wenn sich der ein oder andere Weg zwangsläufig als falsch zeigen wird, ist für diejenigen, die ihren Fangerfolg steigern wollen, Experimentierfreude unerlässlich, weil man sich so mehr Möglichkeiten erschließt und weil die Freude darüber, den Fisch auf eine Weise überlistet zu haben, die wir unserem eigenen Erfindungsreichtum verdanken, unsere Passion als Fliegenfischer noch reicher macht, als sie schon ist.

Immer die richtige Fliege

Besser Fliegenfischen ist, die Fliege aus der Sicht des Fisches zu sehen.

Die Reihenfolge ist wichtig

Wenn die Fische steigen, sollten Sie zuerst einige Male die annähernd richtige Trockenfliege präsentieren, bei Misserfolg dann eine in der Silhouette andere Fliege, dann die Größe und Farbe wechseln.

Jetzt sollte ein Emerger versucht werden.

Wenn sich immer noch nichts tut, ist es Zeit, auf die Nymphe zu wechseln, zuerst Dead Drift, dann die aufsteigende Variante.

Jetzt einige Versuche mit der bewegten Trockenfliege.

Die letzte Möglichkeit ist Platzwechsel nach stromauf und einige Versuche mit unbeschwerten und beschwerten Nassfliegen. Eine bis anderthalb Stunden insgesamt sollten reichen, sich Gewissheit zu verschaffen, und die Wahrscheinlichkeit Ihres Erfolges ist weitaus höher als bei der üblichen „Trockenfliegenparade“.

Nassfliegentrio: Von links nach rechts Märzbraune, Alexandra, Peter Ross.

Wer immer die dem jeweiligen natürlichen Vorbild entsprechende Fliege anknüpfen möchte, kommt nicht umhin, eine mindestens mehrere hundert Fliegen umfassende Kollektion mit ans Wasser zu tragen. Er würde einen großen Teil des Tages mit dem Heraussuchen des richtigen Musters verbringen und käme nicht mehr zum Fischen. Erfahrene Fliegenfischer verlassen sich lieber auf ihre Beobachtungsgabe und ihre Kenntnisse der Wasserinsektenwelt. Sie schauen nach, was sich auf dem Wasser und in der Luft befindet und drehen ein paar Steine um, weil sie wissen wollen, welche Insekten vorkommen.

Nahrung

Die Fische fressen zu etwa 80 % abtreibende Nymphen. Eintagsfliegennymphen steigen als so genannte Aufsteiger an der vorvorletzten Stufe ihrer Entwicklung zur Oberfläche und häuten sich dort zur Subimago. Nach ihrem Hochzeitsflug und der Eiablage liegen sie mit seitlich abgestreckten Flügeln als sterbende Spents auf der Oberfläche. Die Fische nehmen die Insekten als Nymphen in Grundnähe, als Aufsteiger auf dem Weg nach oben, als sich häutendes Insekt und als sterbendes Insekt an der Wasseroberfläche. Köcherfliegen steigen ebenfalls auf, vorwiegend in den Abend- und Nachtstunden. Auf der Wasseroberfläche starten sie mit „Anlauf“ gegen die Strömung und werden in diesem Stadium gern genommen. Sieht man gelegentlich eine Flanke aufblitzen, nymphen die Fische gewöhnlich, wenn sie buckeln, nehmen sie dicht unter der Oberfläche Aufsteiger; man sieht dann, wie die Rückenflosse die Oberfläche durchbricht und der Fisch wieder abtaucht.

Sie können das sichtbare Verhalten der Fische deuten und dementsprechend das richtige Muster auswählen. Und dabei handelt es sich meistens um ein Gruppenmuster. Natürlich ist es sinnvoll, sich vor der Fahrt an ein fremdes Gewässer nach den dort gängigen Fliegen zu erkundigen und seine persönlichen Favoriten mitzunehmen, aber niemand kann die vielen, in zahlreichen traditionellen und modernen Formen und Bindeweisen vorhandenen Fliegen ans Wasser mitneh-

Nymphenquartett: Von links nach rechts Flokrebs, Fasanenschwanznymphe, Hasenohrgoldkopf, Sedgepupa

men. Doch man kann seiner Sammlung eine sinnvolle Systematik angedeihen lassen und die meistens fängigen Gruppenmuster wohlgeordnet greifbar haben.

Wenn wir unsere Fliegenausrüstung so aufbauen, dass wir nicht wahllos die „fängigsten" Fliegen binden oder kaufen, sondern darauf achten, dass unsere Muster jeweils eine Fliegengruppe repräsentieren, tragen wir wesentlich weniger Fliegen in der Weste mit uns herum, aber haben stets die geeigneten zur Hand.

Unsere Fliegen sollten durch ihre Bindeweise eine möglichst diffuse Silhouette auf und unter Wasser erzeugen. Das erreicht man z. B. durch die Kombination mit Entenbürzelfibern. Und die Streamer und Nassfliegen gibt es in schlank oder buschig. Mit der folgenden Grundausstattung haben wir für fast alle Fälle das Richtige. Erfolgreiche Fliegenkollektionen richten sich eben nicht nach Namen einzelner Fliegen, sondern nach den Prinzipien: hell, dunkel, groß, klein, schlank, buschig innerhalb der Insektenfamilien.

Eintagsfliegenquartett: Von links nach rechts Marchbrownvariante, zwei Baetisvariationen mit Entenbürzelthorax, geflügelte Baetis in Parachutebindeweise

Minimalausstattung

- [ ] **Trockenfliegen:**
  - dunkelolive Eintagsfliegen in Größen 14–18
  - helle Eintagsfliegen 16–20, „Adams“ 12–16
  - Köcherfliegen „Buck Caddis“ in verschiedenen Farben 12–18
- [ ] **Mücken:** Eigenkreationen 16–22
- [ ] **Landinsekten und Reizfliegen:**
  - Red Tag 12–18
  - Ameise 14–20
  - Coachman 12–18
- [ ] **Aufsteiger:** helle und dunkle
- [ ] **Nassfliegen:**
  - „March Brown“
  - „Alexandra“ „Peter Ross“
- [ ] **Nymphen:**
  - Hasenohrgoldkopfnymphen 12– 20
  - „Pheasant Tail“ 14–16
  - Flohkrebs 14–18
  - Sedge Puppe 12–18
- [ ] **Streamer:**
  - Deep Minnow
  - Wooly Bugger
  - Mickey Finn
  - Phantasiestreamer
- [ ] **Hechtstreamer:**
  - „Bunnys“
  - Federstreamer in grellen und gedeckten Farben

Service

Rechtliche Bestimmungen

Wer angelt, muss sich an geltendes Recht halten. An Binnengewässern und oft auch am Meer darf man nur mit Fischereischein angeln, der ab einem bestimmten Alter das Bestehen der Fischerprüfung voraussetzt. Zusätzlich braucht man in der Regel für das betreffende Gewässer eine Angelberechtigung.

Da vor allem in der Fachliteratur häufig über das Zurücksetzen von Fischen berichtet wird, möchten wir hier auf geltendes Recht hinweisen: Gefangene Fische, die keiner Schonzeit unterliegen und größer als das geltende Schonmaß sind, müssen angelandet, betäubt und getötet werden.

Schonzeiten und Mindestmaße sind einzuhalten und weitere Vorschriften zu beachten. Die rechtlichen Vorschriften unterscheiden sich regional und ändern sich von Zeit zu Zeit. Deshalb finden Sie hier keine Aufstellung der geltenden Rechte und Vorschriften, sondern eine Liste von Adressen, bei denen Sie sich nach den gültigen Bestimmungen in Ihrem Angelrevier erkundigen und Informationen einholen können.

Zum Fliegenfischen gehört das Naturerlebnis unabdingbar hinzu.

Nützliche Adressen

Deutschland

Deutscher Anglerverband e.V. (DAV)
Hausburgstr. 13
10249 Berlin
Tel.030-4272975
oder -4260113
Fax 030-42691 35

Verband Deutscher Sportfischer e.V. (VDSF)
Siemensstr.11–13
63071 Offenbach
Tel. 069-855006
Fax 069-873770

Bundesforschungsanstalt für Fischerei
Palmaile 9
22767 Hamburg
Tel. 040-3890 50
Fax 040-38905129

Deutscher Hechtangler Club e.V.
Friedrich-Ebert-Str. 147
47800 Krefeld
Tel. 02151-24684
Fax 02151-24684

Deutscher Karpfen-Angelclub e.V.
Adventure Fishing
Reismühle 5
22087 Hamburg

Österreich

Verband österr. Arbeiter Fischerei Vereine
Lenaugasse 14
1080 Wien
Tel. 01-4032176
oder -4039754
Fax 01-4032120

Österr. Sport und Fischereiverband
Laudongasse 16
1082 Wien
Tel. 01-4084629

Schweiz

Schweizerischer Fischerei Verband, Geschäftsstelle
Tobias Winzeler
Postfach 8218
3001 Bern
Tel. 031-3813252
Fax 031 3820289

Angelzeitschriften

Fisch & Fang
Erich-Kästner Str. 2
56379 Singhofen

Der Raubfisch
Erich-Kästner Str. 2
56379 Singhofen

Der Fliegenfischer
Lohhofer Str. 11
90453 Nürnberg

Angeln im Internet

www.vdsf.de
www.fischundfang. de
www.raubfisch.de
www.fischerpruefung.de
www.fische.de
www.sfv-fsp.ch
www.fischerweb.ch
www.angelsuchmaschine.de
www.anglerboard. de
www.angelwelt.de
www.deutscherhechtangler-club.de
www.deutscher-karpfen-angelclub.de
www.angelplatz.de
www.maxno-ek.com
www.bavarian-guiding-service.de
www.hechtspring.tv
www.angelsport-schirmer.de
www.fliegenfischer-forum.de
www.flyfishingcracks.de
www.eifelfischer.de

Zum Weiterlesen

Angelpraxis

Anneken, Jacob, Specimen Hunting Group
Angeltechniken, 2002

Bailey, John
Das Kosmos Buch vom Angeln, 2001

Bailey, John
Das Kosmos Buch vom Spinnfischen, 2003

Bailey, John
Das KosmosBuch
Angeln mit Naturködern, 2004

Chemnitz, Anneliese
Vom blauen Aal zum kalten Zander, 2003

Duwe, Georg
Zielfische angeln, 2003

Duwe, Georg
Das KosmosBuch
Hechte angeln, 2003

Finkbeiner, Thomas
Angeln an Nord- und Ostsee, 2002

Gretler, Thomas
Clever und erfolgreich Angeln, 2002

Gretler, Thomas
Das Angelbuch für Kids, 2004

Gutjahr, Jan
ABC der Angeltechniken, 2003

Jacob, Tom
Forellen angeln, 2001

Janitzki, Andreas
1 mal 1 des Angelns, 2001

Janitzki, Andreas
Karpfen angeln, 2002

Kreupl / Rein
Bluewater Fishing, 2002

Lorenz, Jürgen und Petra
Das große Buch vom Fische räuchern, 2004

Rehbronn, Edmund
Handbuch für den Angelfischer, 2002

Rehbronn / Rutkowski / Jahn
Das Räuchern von Fischen, 1999

Fliegenfischen

Atkinson, R. Valentine
Lachs & Forelle, 2000

de la Porte
Fliegenbinden Schritt für Schritt, 2000

Gathercole, Peter
Catch that Fish! – Erfolgreich Fliegenfischen – Das Praxisbuch, 2001

Hebeisen, Hans-Ruedi
Faszination Fliegenfischen, 2000

Schulte, Wolfgang
Streamerfischen, 2000

Schrodt, Jürgen
Insektenkunde für Fliegenfischer, 2003

Steinfort, Hans
Fliegenfischen für Anfänger, 1999

Steinfort, Hans
Fliegenfischen für Fortgeschrittene, 1997

Vestergaard, Niels
Mit der Fliege fischen, 2001

Vestergaard, Niels
Fliegenbinden leicht gemacht, 2002

Für die Westentasche

Frisch von der Angel – Die besten Outdoor-Fischrezepte, 2001

Gretler, Thomas
Die besten Anglertricks, 2003

Janitzki, Andreas
Die fängigsten Köder, 2002

Staub, Erwin
Anglerknoten leicht gemacht, 2000

Staub, Erwin
Farbatlas der Angelfische, 2000

Unterhaltung

Bailey, John
Angebissen – Ein angelnder Weltenbummler erzählt, 2002

Nachschlagewerke

Aichele Dietmar
Das fängt man mit der Angel, 2002

Stingelwagner/Bachfischer
Das große Kosmos Angel- und Fischereilexikon, 2002

Bildnachweis

Alle Fotos und Illustrationen vom Autor Werner Berens,
mit Ausnahme von S. 33: Mario Mende

Postfach 106011
D-70049 Stuttgart
TELEFON +49 (0)711-2191-0
FAX +49 (0)711-2191-422
WEB www.kosmos.de
E-MAIL info@kosmos.de

Impressum

Mit 42 Farbfotos und 23 farbigen Illustrationen

Umschlaggestaltung eStudio Calamar, unter Verwendung einer Farbaufnahme von Werner Berens

Die Deutsche Bibliothek – CIP-Einheitsaufnahme

Ein Titelsatz für diese Publikation ist bei der Deutschen Bibliothek erhältlich.

ISBN 3-440-09306-9
Redaktion: Ben Boden
Printed in Czech Republic/Imprimé en République tchèque

KOSMOS-Infoline – Der direkte Draht zum Autor

Werner Berens, von Beruf Lehrer für Sport, Informatik und Deutsch, angelt bereits seit dreißig Jahren. Er hat sich in den letzten zehn Jahren ausschließlich auf das Fliegenfischen spezialisiert. Seine weitreichenden Erfahrungen gibt Werner Berens auch in den Fachmagazinen „Fisch & Fang“, „Fliegenfischen“ und „Der Raubfisch“ an interessierte Leser weiter. Außerdem gibt der Autor Unterricht im Fliegenfischen mit dem Schwerpunkt Wurfschulung.

Sie können sich mit Ihren Fragen und Problemen an Werner Berens wenden.

Schreiben Sie an die KOSMOS-InfoLine Angeln.

KOSMOS Verlag
InfoLine Angeln
Postfach 10 60 11
70049 Stuttgart